真愛啟程

會痛的不是愛

療·癒·自·我·與·關·係·的·366·天

IF IT HURTS, IT ISN'T LOVE

And 365 Other Principles To Heal And Transform Your Relationships

每段關係的發展，
如同大自然的四季，
常萌發於熱烈的夏，成熟於豐盛的秋，
更經歷孤寂的冬，方能於春泥中蛻變而生。

會痛的，都不是愛。
讓我們跟隨恰克老師的腳步，
讓關係中所有的愛與痛，
在四季的流轉中沉澱、療癒，
並化作生命最圓滿、智慧的風景。

四季
療癒

目 錄

夏 01 ~ 90

敬致讀者

您可以依照季節時序來閱讀本書，亦可以隨心所欲，挑選任何您感興趣的主題或文章來閱讀。目錄後面設計有心靈導圖，提供相關主題的篇章索引服務。祝福您在閱讀中得到療癒，在閱讀中收穫喜悅，在閱讀中看見成長！

蓋婭 / 長歌編輯部

秋 *91 ～ 182*

冬 *183～274*

春 *275 ~ 366*

心靈導圖

概念　索引編號

心靈導圖

概念　索引編號

吾愛

我想將本書獻給我的女兒：J'aime（潔美，法語中的「吾愛」之意）。

我們在她出生前就選用了這個名字，其中的美好意涵不斷帶給我們啟發。

潔美出生之後，更是分分秒秒都活出了她名字的精髓。

我創作的動力完全在於：想讓心理學普及於社會各階層。

我想用日常的語言搭配普遍的原則，

讓人們明白他們擁有轉化自己的力量和工具，

無論身處於何種情境或何種關係皆然。

恰克・史匹桑諾博士

推薦序

指引愛與療癒的 *366* 個路標

召喚所有天使，召喚所有英雄。
召喚所有愛人，召喚所有療癒者。
傾聽。傾聽這份召喚。

召喚所有靈魂，召喚所有心靈。
召喚所有真心，召喚所有身體。
傾聽。傾聽你的召喚。

時間就是現在，機會就在這裡。
我們命中注定，你和我皆然，
要選擇愛而非恐懼，要選擇
愛而非恐懼。

　　在這充滿大大小小私人戲碼的小世界中，每個人的靈魂都渴望能活出愛而非恐懼的生命。畢竟，愛是一切的答案，愛是本質，愛是終極的目標，也是唯一真實的目標。其他比較次要的目標像是快樂、安全感、成功、安全、力量和財富，若是沒有愛的話也會喪失其全部的價值和意義。如果我們征服了全世界卻失去愛，那還有什麼好值得高興的？我們是為愛而生的。

　　當你愛的時候，生命自然運作；沒有愛的時候，生命分崩離析。愛有吸引力，當你選擇愛的時候，好事就會被你吸引而來。愛是天堂，但許多人要走過地獄之路

才能抵達天堂。在尋愛的旅途中，我們一路絆倒、一路跌跌撞撞，儘管疲倦、心生防衛、厭倦爭鬥，但我們仍然隻身拖著步伐繼續前進。夜幕低垂；光明褪去。我們沉沉睡去，夢境中充滿了黑暗和恐懼：我們夢到「愛會傷人」、「愛會失敗」和「愛會死去」；我們夢到「愛是殘酷的」；我們夢到自己「墜入愛中」或「在愛中慘敗」；我們甚至夢到自己再也無法去愛。

醒過來吧，不要將愛和恐懼混為一談了。恰克・史匹桑諾的訊息非常清楚：愛只能愛，愛無法傷害。會痛的，就不是愛。只有恐懼不被愛才會痛，只有我們對愛抗拒才會痛，只有我們不信任愛才會痛。恰克・史匹桑諾用這部革新的作品幫助我們療癒關係、找回愛，他幫助我們療癒我們對愛的誤解和對愛的恐懼，他啟發我們再次相信愛。

《會痛的不是愛》像是你靈性道途中的巨大路標，事實上，這一路上共有 366 個路標——設計給一年當中的每一天（包含閏年的情形）。每個路標都各異其趣，卻又不離宗旨。這個關鍵宗旨是，如果你陷於痛苦之中，那代表你選擇的是別的事物，而不是愛。因此，請選擇愛。深陷痛苦時，感覺痛苦，但要選擇愛；害怕的時候，誠實面對，但要選擇愛；不開心的時候，坦誠以告，但要選擇愛。當你選擇愛，就是選擇了天堂。

恰克・史匹桑諾是當代的卡爾・榮格[1]（Carl Gustav Jung），本書實為一大傑作，是愛的美好演繹。我衷心相信你的人生即將有所改善，為什麼？因為你想要這樣，也因為你手中正握著這本書。選擇閱讀這本書，選擇「活出」本書的精神，選擇愛。

羅伯特・霍登（Robert Holden）
《當下快樂！》（Happiness Now!）作者

[1] 卡爾・榮格（Carl Gustav Jung, 1875-1961），瑞士精神病學家、心理學家，分析心理學（Analytical Psychology）始祖。

關於本書

本書集結了許多療癒的原則，主要是根據我自己親身驗證過的體會，以及從一九七一年起擔任治療師的經驗；過去我還擔任了十一年的婚姻諮商師。

有些原則看似過度簡化，但其實體現了這些原則的精髓。我知道它們能夠實際發揮效用，它們是願景心理學（Psychology of Vision）的核心，也是我根據自己的博士論文所發展出來的理論系統。我曾見證了無數如奇蹟般轉化的案例在治療過程中發生。於是我堅持人們在生活中「活出」這些原則，尤其是在人生出現問題的時刻。

你會發現其中許多原則超越了一般的智慧──本來就應如此。我在許多震撼人心、驚訝至極的情境下學習到這些原則。它們代表了部份我對潛意識心靈的探索研究，雖然心靈的浩瀚範疇遠超過本書所能涵蓋，但這仍不失為一個好的開始。

將本書歸屬於靈性領域可說是實至名歸。我發現靈性是人類心靈和經驗的關鍵本質，無論本身採用什麼稱呼。

　　無論你相不相信這本書，或喜不喜歡這本書，如果你付諸實踐，它都會對你有幫助。

　　最後，本書注定要成為一項禮物——它是一本導覽手冊，讓你用療癒痛苦的角度看待世界。我一生當中曾目睹極大的情緒痛苦，現在，我明白了，大部分（甚至全部）的痛苦都是完完全全不必要的。這是我要送你的禮物——誠心誠意地希望你擁有生命中值得擁有的愛和快樂。

　　從許多方面來看，本書都是我所有老師、治療師和朋友所給予我的啟發和禮物，他們的智慧和真心幫助我一路學習並拋棄成見。這本書是我對他們真心誠意的感謝。

恰克·史匹桑諾博士

如何使用本書

　　歡迎一起來探索關係！《會痛的不是愛》是一連串對生活原則的探索，可以幫助我們擁有更好的關係。恭喜你替自己做出這項投資。你有意願和承諾去發現什麼能夠協助你理解自己的關係、改善自己的關係，這一點實在值得嘉許。利用這些原則會解決你關係中的所有問題，並幫助你享受、學習並在關係中成長。事實上，關係提供了最佳機會，讓我們得到愛、喜悅和愉快，然而若缺乏對這些療癒原則的覺察，關係也可能帶我們進入人間煉獄。本書的用意在於讓你將關係打造成人間天堂。這麼一來，你的關係將會啟發其他人，並且成為高度加速的行駛工具，載你迎向療癒和轉化。若以正確角度看待，關係是提供成長的最快道路，本書將會在一路上為你指點迷津。

　　本書可以以幾種方式使用，但你可以看哪種方式最適

合你。本書特意以符合同時性的特徵來設計。這表示如果你隨機翻到某一頁，或直覺地挑選 1-366 之間的某個數字，你就會發現它剛好是對當時的你最重要的一課。奇妙的是，每次我們都會恰好選中當下我們最需瞭解的功課。針對某些特定問題來說，這種方法尤其有效，但也可以用來瞭解和覺察你的所有關係。另外一種方式是一天閱讀一課，從第 1 課開始，一直持續一整年，總共有 366 課，以閏年來說剛好一天一課。在那一天提醒自己該課的主題，並且在任何可能的時候實踐練習。為了讓本書具有轉化功效，而不只是提供資訊，我強烈建議你盡可能完成每日練習。

任何問題都是關係上的問題，如今有了這本書，你就有能力改善、提升自己的生命。你現在握有幫助你的工具，請用新的眼光檢視自己、關係和整個世界。願愛和阿囉哈（夏威夷語的愛）充滿你的生命！

你愛自己嗎？
你怎麼看待自己？

....

....

....

....

現在的你在愛裡嗎？
你怎麼看待你的伴侶／夥伴？

你怎麼看待這個世界？
你與他人的關係如何？

插畫／愛麗森・傑伊（Alison Jay）

夏

風眠柳絮，繁星如雨。

繽紛的繁花，綻放生命的美麗。
熱烈的蟬鳴，詠唱純真的情懷，
我們在楊柳江畔遇見，
愛，在仲夏夜中成長。

Intimacy can heal anything.

親密能療癒一切

01 巖

　　在關係裡，不論受到什麼打擊，遇上什麼問題、懷疑或痛苦，當我們真正朝另一半移動時，答案就會出現。事實上，當我們覺知到與伴侶在新層次的連結時，便能療癒在關係中可能出現的死寂、懷疑、沉悶、恐懼、無價值感、空虛等一切問題。同時，我們遇到問題時朝另一半靠攏，不代表放棄自我的立場或價值觀，只是帶著愛靠近對方。

THINK · FEEL · DO

　　今天請花些時間，想像你與伴侶之間的問題。現在想像自己朝著對方移動，你與他越來越親近了。當你和他結合時，你已超越這些難題、死寂、懷疑和恐懼，你已與伴侶彼此靠近。

　　如果你和某人有衝突，或者覺得和某人有距離，請朝他移動。你可以實際接近他，也可以給他打個電話或寫封信，分享你自己真實的感覺。無須試圖改變他，你只要說：我不想讓這個問題介於你我之間，我想與你結合。我重視這個移動，你對我而言，比這個問題更重要。

　　不要被關係中的任何問題阻礙。愛，才是真正的重點。不要欺騙自己，通過結合，讓對方成為你的盟友、你的夥伴、你的朋友、你的摯愛，最終他會是讓你得救的人。

Any behavior that is not love is a call for love.

O2 龜

　　仔細覺察你身邊人的行為，哪些是愛的行為？哪些不是愛的行為？那些不是愛的行為，其實是在呼求愛。如果有人特意攻擊我們，那是他在呼求我們的愛，若我們願意做出回應——不是防衛，而是靠近發出攻擊的人，對他付出，那麼便能贏得一位盟友。未來，這位曾攻擊你的人，無論他所處的情境是順遂還是艱困，他都將對你忠心耿耿。但現在，他需要我們的愛。

　　有些人受困於死寂中，有些人受困於攻擊裡。當我們被召喚時，要記起：如果是我們自己處於困境、危機，但又有口難言時，那是什麼樣的心情。同樣，這些攻擊我們的人，也是在呼求我們的幫助和愛。看看四周，我們將會看到誰在召喚我們的回應，誰在召喚我們的靠近與幫助。

THINK · FEEL · DO

　　今天，想想在你生命中，曾對你展開毫不留情攻擊的那些人，去瞭解對方其實是想呼求你的幫助。想像他們此刻和你在一個空間，而你帶著回應力向他們靠近。看看自己得到啟發要如何回應他們：打電話給他們？寫信給他們？為他們送上東西？還是和他們說說話？

　　在幫助他們的同時，你會發現他們身上具備你所需要的答案，即使不是現在，也會在未來。他們會反映出你內在心靈的某個部分，雖然呈現的方式不見得是直接的。你在幫助他們的同時，也幫助了自己。

任何不是愛的行為
都是在呼求愛

Forgiveness changes perception.

03 寬恕

寬恕之美，在於它能把我們從受困模式中解放出來。寬恕讓我們擺脫受害者的身份，從不喜歡的情境中解脫。寬恕會改變人的觀感，當我們用不同的方式來看事情時，事情就會變得截然不同。基本上，所有的療癒，都涉及改變觀感，用新眼光看待事物。寬恕讓人得以跳脫至情境之上，這麼一來，情境必隨之改變。

有些人害怕寬恕會讓自己困在犧牲的情境中，繼續受虐，但事實並非如此。實際上，寬恕會轉變關係的模式，它改變我們，也改變對方。任何讓我們感到卡住，或覺得有人找麻煩的地方，都是心靈在呼求寬恕。所有的問題、誘惑和干擾，所有為逃避而製造的忙碌，都是因為我們害怕改變。罪疚感隱含著我們害怕的地方，我們深陷在恐懼和糟糕的感覺裡，看不到寬恕所帶來的療癒和轉變。但寬恕，能帶領我們穿越罪疚和恐懼。

THINK · FEEL · DO

今天，好好檢視你生活容易匱乏和產生衝突的地方，這些地方就是困滯你、讓你不敢前進的原因。看看自己身上的疾病與創傷，它們隱藏了你不肯寬恕某人的情境。現在，花點兒時間沉思這是什麼疾病。記住，所有問題都是人際關係的問題，也許表面看似跟別的事有關，但最終還是脫離不了人際層次。

在今天的每個整點時刻，選個特定領域練習寬恕，人或事都好。對自己說：「針對這個情境，我寬恕你（說出對方的名字），好讓我得以自由。在這件事情上（說出情境），我寬恕（這件事），好讓我得以自由。」只要懷著全然真摯的心來說這些話，它將為你帶來解脫。你值得投資這些時間。

Forgiveness is not something I do, it's something that's done through me.

04 寬

寬恕是一種選擇，是我們想讓自己自由、讓事件自由，也讓周遭人們自由的請求。這不是一件需要我們動手去做的事，而是一個選擇，讓恩典流經我們來轉化情境。

在某些情境中，我們似乎完全無能為力、完全卡住了，處於極端痛苦和絕望之中，因此我們需要請求高層力量為我們帶來寬恕，幫助我們穿越不情願、恐懼，為我們完成一切工作。

THINK · FEEL · DO

今天，選擇一個你長期以來似乎無力改變的情境，然後分別在早上、下午和晚上靜坐一次思考它。花五分鐘想想這個情境，呼求你的高層力量帶給你幫助和寬恕，使它透過你來轉化這個情境。

今天是你自由解脫的日子，允許寬恕的祝福流經你，這份祝福會讓你自由，並幫助你瞭解，透過高層力量的恩典，無事不成。

寬恕 並非小我所能 而是大我透過我而完成的

Commitment and freedom are the same thing.

承諾和自由是同一回事

05處

　　承諾就是在任何情況中，我們給自己的自由程度。很多人害怕承諾，因為他們認為承諾意味著一種奴役或失去自由。他們之所以害怕，是對童年時期缺乏自由所產生的反應，或是在過往關係中為了獲得認可而放棄做自己所產生的恐懼。但那只是一種黏連，一種假性的承諾。我們每個人都得面對並好好療癒它，因為它將我們困在奴役和犧牲裡。

　　承諾既非奴役，亦非犧牲，承諾是自由。自由有兩種，一種是獨立型的自由，獨立於事物，遠離煩心事物所獲得的自由；另一種是來自於內在的真自由，一種趨近事物的自由，一種根據自己在各種情境中承諾和付出的程度所獲得的自由。例如，如果我們覺得被工作限制，在工作裡犧牲了，那是因為這個工作自己非做不可，所有的樂趣和領受能力全沒了，自己失去了選擇權。然而，我們永遠有選擇的力量，我們可以選擇投入、全心承諾，全然付出自己。我們的選擇能讓我們超越工作職責或角色，進而感受到承諾的自由。

「承諾後，人還有自己的生活嗎？」這個問題的答案是「有的」，因為是我們的付出為我們創造自由。這份自由讓我們有呼吸的空間，讓我們超越過往，更能領受。我們會感到更加和平，無須躲避或逃離。承諾有助於讓我們把焦點放在重要事物上，幫助我們重新構建人生。

THINK · FEEL · DO

今天，你被召喚對某人或某件事做出承諾。假設是你要對某人做出承諾，那麼請你為對方做個選擇，因為你的選擇能讓他們變得更好。而他們生命好轉的程度，正是你解脫獲得自由的程度。這個人是誰？你的領受能力來自於你付出的能力。如果你被召喚對某件事付出加倍的自己，那是什麼事呢？你對任何人、任何事的承諾，都是你的自由。

The other person in the relationship is on my team.

06 處

關係中的另一半

是我的隊友

如果我們明白，他人和我們身處於同一個團隊，就會讓我們從對方身上有所領受。他們有可能正是那個挽救、幫助我們的人。他們有東西可以給予我們，就如同我們也有可以給予他們的東西。

THINK · FEEL · DO

今天，問問自己是否把關係中的對方當成你的隊友，特別是與你最親近的這些人。你是否明白他們是推動你生命前進、增進你得勝能力的一分子？你是否明白，當他們成功，你也會成功。你是否把他們當成陌生人或敵人？你有沒有爭著想要自己的需求先獲得滿足？如果他們在某方面輸了、失敗了，那並非意外。你一直在和他們競爭，把他們視為其他隊的成員，好向對方和世界證明自己比較優越。

一早開始，選一位親近卻被你視為敵對方的人，家人或同事皆可。接下來這一整天，接近他們，視對方為隊友，先從你的想法開始，然後是感覺層面，接著是行為層面。

今晚，選一個你真心所愛的人──伴侶或珍愛的人，將他們當成自己的隊友。他們贏就是你贏，他們成功就是你成功。好好支持他們，發揮創造力，以不同方式來支援你最親愛的人。

"Note

_____

_____

_____

_____

_____

_____

My partner is not here to meet my needs.

07 章

伴侶不是為了滿足我的需求而存在的

在親密關係的初期，我們常常能體驗到激情，會認為這段感情是天造地設的，我們找到了一個能滿足自己一切需求的人！但是，等到對方無法再滿足我們時，我們就宣判這段關係根本就是人間地獄。

我們最常犯的錯誤之一，就是認為伴侶是為了照顧我們而存在的──做我們的糖果爹地、甜心媽咪。期待對方來滿足我們的需求，只會妨礙親密關係。因為無論他們是否能滿足我們，只要我們一有不舒服，就會怪到對方身上，並認為對方理所當然地應該做出犧牲來照顧我們，你的伴侶永遠無法成功，這不是我們進入親密關係的目的。

快樂才是關係的目的，但快樂並非來自於我們的伴侶滿足我們的需要，而是我們能夠建立起自己在關係中的聯繫、付出和領受的能力。只有跨越彼此差異，互相融合，我們才能提升彼此在關係中的信心等級。

THINK · FEEL · DO

今天，如果你覺得不開心，請檢視自己對伴侶的態度。如果你覺得他的存在是為了滿足你的需要，請你帶著意願改變自己的態度，走出這樣的錯誤觀念，並重新選擇，以瞭解伴侶的存在是為了和你共同創造。在你們的關係中建立起聯繫，邀請他和你一同療癒。好好溝通，攜手向前，直到你完全快樂為止。

The more I control my partner, the duller they get.

08

剛開始一段戀情時，我們深受另一半吸引，他們令我們感到既興奮又刺激。隨著關係的深入發展，當時那些令我們興奮之處卻可能成為威脅我們關係繼續發展的地方。我們試圖控制對方，對對方的魅力視而不見，好能獨佔它，不與他人分享。當然，這麼做是行不通的。因為當對方身上的某一處的吸引力被關閉掉，其他處也會全部關掉。我們為了讓另一半安全而控制他們，卻也使他們變得無趣，原來關係中的無聊是自找的。

當我們願意放棄控制另一半，讓他散發吸引力——那些引發我們內在恐懼、讓我們備感威脅的小地方——並帶著意願去體驗它，便可為我們找回興奮。如果真的太恐懼，與其選擇封鎖另一半，不如好好和另一半溝通這個恐懼，更能帶來療癒。另一半所具備的吸引力，是給眾人的禮物，我們的也是。

THINK・FEEL・DO

今天開始，放掉你對另一半的控制。或許該是溝通的時候了，談談他的天賦和才華如何讓你擔心自己會在這方面失去他。和你的另一半溝通，告訴他你多麼重視他、欣賞他的才華。放掉控制，放掉這種敲詐的手段，讓對方做真正的自己，並全心地欣賞他。

我越愛控制另一半

對方越變得無聊

I can only feel rejected when I am trying to take something.

只有當我試圖索取時才會覺得被拒絕

09 處

只有當我們偽裝成付出者，暗地裡卻想從另一半身上得到些什麼時，我們才會覺得受傷、被拒絕和心碎。當感到被拒絕時，應該問問自己：我們在哪些地方是為了索取而付出？只有當我們伸手偷餅乾被打時，我們才會覺得遭受拒絕。

真正的完整，是無所求的。當我們一無所需時，沒有人能夠拒絕我們。當我們向前靠近、全然付出而無所求時，我們就不會被推開，因為我們變得無可抗拒。對方的行為並不重要，因為我們並沒有想要對方照我們的方式來滿足我們的需要。即使被推開，我們依然只會感到自己對他們的愛，因為我們對他們無所求。

沒有人能阻止我們去愛、去付出，我們真正想做的就是向對方付出。即使遠在千里之外，我們一樣能對他們付出。只有當我們為索取而給予時，才會受傷。

THINK · FEEL · DO

今天，放下你的索取，全然付出，不問回報地給出你的支持。付出不是藉由操縱或犧牲來獲取他人的回報。真心的付出將推動你向前，讓你更加敞開、壯大與提升。這時，你將真正領受並享受自己親手付出所帶來的果實——愛。

To recognize bonding is to have love, forgiveness, and bliss.

10 零

連結就是擁有　愛、寬恕和喜樂

連結原本就存在，它是事物的自然狀態，而非人為。明白了這一點，我們就能穿越分裂隔閡的幻相，體驗連結感。有了連結感，我們感受到了能量和支持，感受到了內在的源頭。

當執著於分裂隔閡的錯覺，人便失去了療癒的機會，因而創造一個更痛苦的地方，仿佛分裂真的存在。

有一種療癒方法是，單純回溯到一開始產生痛楚的地方，重新與每個人連結。當我們理解分裂隔閡只是錯覺，對連結的覺知就產生了，它將會取代分裂，我們便經驗到愛、寬恕（也就是付出）和喜樂。

THINK · FEEL · DO

今天，檢視關係中讓你感覺疏離的地方，或許這是因為你的關注力一直在分裂上。現在，跳脫出來，選擇看見真正的連結，著眼於你和人們有連結的地方，感受你和萬事萬物合而為一的地方。一旦發現彼此有了連結點，你自然會開始看見更多連結之處。

當某件事出狀況了，想想你和對方的共通處，這麼一來，你便開始明白這份連結、療癒、愛和喜樂。你便能開始享受豐盛。

A broken heart is always an attempt to control someone through guilt.

破碎的心 是一種用罪疚感控制他人的企圖

11 章

　　破碎的心，意味我們是權力鬥爭中的輸家。基本上，我們企圖用心碎使他人產生罪疚感，好讓對方滿足我們的需求、聽我們的話，這其實是一種情緒勒索。試圖控制既不會為我們帶來幸福快樂，也滿足不了我們的需求，只會造成更激烈的權力鬥爭。

THINK · FEEL · DO

　　今天，不要遠離另一半，帶著意願朝他移動，不要把自己的感受當成抽打他的鞭子，硬要對方照你的意思做。與其和他對抗，或是千方百計地操縱他，不如送他一份禮物——實質的或情感上的付出都可以，只要是出於自由、全然的付出就好。

　　然而請留意，如果你們已經分手，對方可能會把有形的禮物視為操控的手段而拒絕接受。如果是這種情況，請你送一份內在禮物就好，例如，寬恕、放下、感恩或不執著的愛。你給出禮物的慷慨程度，與你獲得解脫的程度成正比。

Under every defense is a place of old pain.

12 處

任何我們有所防衛，或是他人有所防衛之處，都是舊傷痛的所在。我們的防衛是為了對抗舊傷痛，問題是，防衛不僅不能避免傷痛，還總是把美好事物拒之門外。

THINK · FEEL · DO

今天，讓自己帶著意願去體驗那些隱藏在防衛背後的傷痛，勇敢面對它們，並瞭解它只是幻相。同時，找出你自己或他人有所防衛之處，這些就是傷痛和需求的所在。如果你問自己對方需要什麼，並做出回應，你將發現對方也願意卸下心防，朝你靠近。

請找出你的逃避或攻擊之處，它們會讓你發現自己潛藏的內心感受。逃避和攻擊是人最愛用的防衛招數。現在，鼓起勇氣，帶著意願去穿越舊痛，直到它完全消失為止。記住，沒有任何感受大於你。持續穿越你的感覺，直到內心平安為止。一旦你這麼做，就再也無須背著這些多餘的盔甲。那些用來防衛的能量和原本隱藏在防衛背後的感覺所耗費的能量，都將回到你身上，為你的生命所用。現在，你再度回歸順流，重獲領受的能力。

I control because I cannot stand it being so good.

13 章

我控制　因為我承受不了

事情這麼美好

人的所有控制行為都出於自我保護的目的，然而，控制只會保護、美化我們對受傷的恐懼。控制掩蓋了這份恐懼—如果我們不去控制，事情會好到我們無法承受，它會好到讓我們融化掉、整個人迷失掉，好到讓我們失去所有目的，甚至死去。然而，你知道嗎？這不過是小我用死亡來嚇唬我們罷了。如果我們放棄控制，我們不會死，會死的是小我。然後我們會感覺自己像是死掉而又重生了，上了天堂。

THINK · FEEL · DO

今天，檢視一下你的人生，你正面對什麼樣的控制情境？別忘了你也可以通過受制於他人來利用他，說穿了真的是這樣，只是沒人認清。因為你以為自己承受不起，所以你做出了這樣的安排，就不用感受如此美好的感覺了。放棄控制吧，大獎賞即將來臨，今天是你領受大禮的日子。

To have what I want in a relationship, I keep seeing and feeling what I want.

14處

在關係中，透過想像、看見、感受，甚至聽見我們想要的事物，便可讓它成真。人的心靈是偉大的創造者。當關係正在療癒時，我們會經歷一些自己不想要的副作用，狀況看似更糟。此時，只要記得我們想要的療癒，允許自己去感受、去看見，便能快速、輕易地實現我們的心願。當我們這樣做時，我們記起了自己的目標和真理，也就是：如果其中不包含真正的偉大，那便不是真理。

THINK · FEEL · DO

今天，你的目標就是去感受你在關係中想要什麼。現在，看見你對關係的期許，目前的狀況如何？感覺它，看見它，並且放下。勿執著於你的願景，但要明白你正在為自己寫下心靈程式。這個過程有助於顯化並創造出你所定製的情境。倘若情況在一開始時出現惡化，不要害怕，這只不過是療癒正在發生，潛伏的毒素正在浮出表面。當這種狀況發生時，持續保有你對關係的願景，盡可能隨時與他人分享。這會幫助你從現況移動至療癒發生之處。

什麼也阻止不了你的心靈威力，什麼也阻擋不了真相。真相即為喜悅、快樂和愛。

若想在關係中美夢成真

我就持續看見與感受我所想要的

When I wish to have a need fulfilled, I give the thing I feel I need.

當我希望自己的某個需求

得到滿足時　我反而要給出我所需要的

15處

所有的痛苦都來自於人有需求，卻又恐懼需求無法獲得滿足。換句話說，我們害怕自己會失去的，或是我們感到欠缺的。我們不但拒絕接受自己的恐懼，還推開它、抗拒它，於是痛苦便產生了。人越是不接受自己的恐懼，它便越傷害我們；越想抗拒，恐懼和痛苦便越大。

在某些情境裡，需求或許被隱藏得更巧妙。例如，我們或許覺得需要更多的魚水之歡，覺得自己很有意願，白天或晚上隨時都願意給，然而，我們被召喚要給的，並不是行為本身，而是更多的性能量。這種更高層次的付出，會為我們創造出滿足自己所需的能量。

THINK · FEEL · DO

今天，請樂於更深入地看看自己的需求。你所需要的是什麼？不管你想從誰身上得到，將你的所需付出給對方。別強迫對方接受你的付出，只要單純地把你覺得自己需要的付出給你的需求對象即可。付出那份強烈需求的感覺，付出那份需求的能量。如果你對所有的人都抱有某種一般性需求，慷慨地將你的所需付出給每個人；如果你對某個人抱有某種特定需求，以同樣的方式付出給對方。

The need to dominate comes from fear.

16 處

任何時候，當我們身處想要支配他人或被他人支配的情境中時，這種情況通常源自內在那個受驚嚇的小孩。當有人想支配我們時，我們其實被召喚將對方當成受驚嚇的孩子來回應。如果我們用安慰和支持來回應對方的需求，我們便不會覺得自己受到了壓迫。

倘若是我們自己試圖支配他人，那代表有一部分的自己感到害怕。如果我們懂得與對方溝通這個恐懼，不僅能讓自己的恐懼得以釋放，也能帶給對方一份好禮物。溝通、伸出援手與寬恕，不僅能療癒恐懼，也是送給對方的一份好禮物。

THINK · FEEL · DO

今天，在任何情境中，只要你注意到自己又在支配，好好和你想支配的對象溝通你的恐懼。溝通療癒恐懼。在任何他人支配你的情境裡，視對方為一個受到驚嚇的孩子，伸出雙手，回應他。伸出援手，療癒恐懼。在任何情境下，只要出現支配的情形，就伸出手，好好溝通，寬恕對方和你自己。

支配與被支配的需求　來自於恐懼

In any conflict, both people are acting in opposite ways, but feeling the same thing.

17鬼

　　雖然每個人呈現出的行為不同，但雙方的結合點在於彼此都有的共通感受。瞭解這一點，就是獲得解答的開始，也是療癒所有衝突的關鍵。例如，恐懼可能造成對抗或逃避，而罪疚感可能導致退縮或攻擊。不管是哪一種情形，不同的反應都源自於共通的感受。

　　假如我們在感受升起時就進行溝通，創造出一種分享的心情，找出雙方的共識點。有了這樣的結合或共識，整個情境便開始在彼此的理解與親密行為中獲得展開。即使對方的行為與我們完全相反，我們也可以將自己當時的經驗當成氣壓計，得知對方此刻也有同樣的經驗。

THINK · FEEL · DO

　　今天，好好覺察你和誰有衝突，花點兒時間想想你在這個情境中有何感受。當你強烈捕捉到這是一種什麼感覺後，帶著意願送禮給對方 —— 一份能夠療癒這種共同感受的任何禮物 —— 願意祝福對方。

衝突中的雙方

即便行為相反　事後的感覺卻一樣

Blessing is the antidote to sacrifice.

18 處

當人處於犧牲的位置時，會覺得自己很沒有價值。我們會認為自己不夠好，不配在事件中與對方平起平坐，因此要放棄真正的自己，為對方做牛做馬。

祝福正好與犧牲相反。我們渴望事情對對方、對整件事都好，祝福說：我有力量，在這個情境中我能付出，我的付出可以讓整件事更好。我不需要犧牲自己，我可以給出一份祝福。藉由給出自己的能量、愛和最好的祝願，使情境得到改變。原本想要自我放棄，最終又能重拾自我價值。

THINK · FEEL · DO

今天，將祝福散播給每個人，尤其在你常想評斷某人的事件中祝福他。釋放你的評斷，釋放所有陷入犧牲的誘惑，並祝福所有你所接觸到的人。

祝福是犧牲的解藥

Bonding is my true reality.

連結才是我的實相

19 龜

我們生活在一個看似與世隔絕的幻相世界裡，宛如海上的小島。如果抽除海水，會看見我們同處於一大片陸地上。同樣，我們每個人雖然經驗到各自有所分別，但在內心深處，卻只有一個心靈 —— 一個萬有心靈，愛的萬有心靈。每一個開悟得道的人都經驗到整個世界、整個宇宙即是「一」；任何瞥見天國的人，都瞭解統一、一體與「一」是高層意識的真相。這就是為什麼藉由連結、藉由移除分裂的幻相，能夠療癒世界。

THINK · FEEL · DO

在今天早上，讓自己花點兒時間，閉上眼睛，想像自己像個嬰孩般躺在母親的臂彎裡，父親和全家人都低頭看著你。讓自己好好感受他們多麼愛你。或許他們仍有缺憾，比方說缺少金錢或一間好房子，但是他們因為你的存在而滿懷感激。好好感受他們對你的愛，不論你怎麼想，或有什麼信念。他們的愛與你的連繫，就是連結。在痛苦的幻相下，藏有連結的真相。放下任何分裂感，只感覺他們是多麼愛你，多麼想要你。

在晚上，想像被神擁抱在懷裡，放下所有的擔心和憂慮，放下所有思緒，讓自己如嬰兒般被擁抱著。感受你和神之間愛的連結，感受圍繞著你的那股力量，那份流經你、流進整個世界的愛，創造出一個連結網，一個光的網路。感覺自己像是在家一樣，什麼都不用做，哪裡也不用去。只有你，嬰孩般的你，領受著所有的愛。

When I join others in their place of isolation, they heal and I receive a gift.

20 處

當身邊的人因為生命的痛苦經驗而退縮孤立時,其實是對方需要我們的時候。事實上,人生中的任何問題都是這種退縮造成的。因為我們夠愛他們,才看得見他們的自我躲藏之處。我們要找到他們藏匿的洞穴,站在外頭,帶著微笑,將愛傾情奉獻給他們。

當我們與對方結合時,我們的愛將推動對方進入療癒,使他們再度向前移動。當他們重新開始向前移動並對我們的關心有所回應時,他們便走出了隔絕、疾病和痛苦,而我們也得到了一份禮物。

THINK · FEEL · DO

今天,讓某個心生退縮的人浮現在你的腦海中,你被召喚,對他伸出援手。在你還沒有以實質的方式靠近對方之前,請先用你的心靈之眼看著他,看見自己和他結合。你的關心、愛與回應,將為對方的世界帶來改變,也將為你的世界帶來不同。

當我在他人孤立之處

與他結合 對方獲得療癒而我得到一份禮物

創
造
力
將
滿
足
我
的
所
有
需
求

21 處

需求，使我們覺得自己有所欠缺，非得要透過特定情境才能獲得滿足。這種想法讓我們目光狹窄，因而局限了自己在各種情境下的回應力、成就力和解決力。

創造力是以一種廣闊的視野來看世界或任何情境。創造力會延伸，因為它來自於我們對他人的愛。

THINK · FEEL · DO

今天，某個創意計畫或是全新項目正在召喚你——這件事能夠讓你更加開放，將你從需求中釋放。這個創意行動或計畫是什麼呢？這個會為你帶來釋放、讓你和整個世界有所收穫的創造力，會以什麼形式呈現呢？創造力是你送給世界的愛的禮物，你今天想把這份禮物送給誰？

In the river of a relationship, the important thing is the bridge, not the banks.

22 量

當我們處在關係裡時，很多時候都會覺得，如果自己只是一味退讓，臣服於伴侶的思想，那我們的聲音就會被埋沒。但如果我們為伴侶搭建一座橋梁，那麼雙方的想法都能具體化且彼此調和。

重要的是，雙方不要死守著河岸的一頭，而要向我們伴侶的那一頭搭建橋梁。只要我們這麼做，關係中的每個人都會感覺自己被傾聽，並得到了回應。雙方都感到滿意，因為新的關係形式融合了河岸兩邊的真實，創造出彼此交流的形式。

THINK · FEEL · DO

回想一個讓你感到疏離的人，想像自己從這頭搭築一座橋梁，跨越中間的那條鴻溝。隨著橋梁往彼岸延伸，感覺他往你這頭邁進，而你也持續向他靠近。感受他那頭的能量向前與你相合，而你這頭的能量也向前與他相會。感受這樣的美好。留意接下來的發展，你們彼此之間開始有了交流，並且越來越深入，既存的現況也隨之改變。當你建築一座橋梁，你不只守住了自己的這一頭，更能兼顧兩邊的河岸，因此，能夠享有整條河流。

重要的是橋梁 而不是兩邊的河岸

在關係的河流中

What I reject in my parents, I will act out.

我不接受父母的地方

會在我身上表現出來

23 毫

我們對父母的評斷，就是內心深處對自己的評斷，而反應方式有兩種：拒絕父母的某種行為，我們自己會出現相同的行為，來讓自己瞭解父母當初行為背後的動機；另一種方式是我們出現完全相反的行為，以補償父母的行為。在評斷父母時，我們形成了各種角色，導致對孩子和伴侶的傷害。頗具諷刺意味的是，在角色背後，我們反而被困在對父母排斥的感受中。

THINK · FEEL · DO

今天，看看父母讓你難以接受的地方，然後看看自己是否也出現了同樣的行為，或是相反的補償性行為？看看你是否正在扮演一個角色，讓你做好事，卻無法有收穫，終致精疲力竭。明白父母的處境，帶著意願去寬恕他們，將釋放你們所有人。允許神的愛來幫助你寬恕父母，發自心底對他們說：「媽媽，在神的愛裡，我寬恕你。爸爸，在神的愛裡，我寬恕你。」

If I have a grievance with another, I apologize to them as if I were the one causing it.

24 庚

怨懟最大的特徵是，我們覺得自己怨懟得很有道理。我們堅持己見，直到將自己困在其中而無法動彈。我們讓某些人扮演特定的角色，好合理化自己的憤怒和攻擊。不幸的是，我們這樣做等於緊抱著一個傷害自己的信念系統。就好像我們討厭大猩猩，不斷逃跑、躲避，直到把自己和大猩猩關進同一個牢籠裡為止。

每個怨懟背後都隱藏著罪疚感，我們的怨懟，其實是將自己心有愧疚之處，投射在他人身上產生的。想要發現這個秘密的真相，最有力的方式就是道歉，為我們以為對方對我們所做的事道歉。突然之間，我們會明白，原來我們才是罪魁禍首。我們會感到情緒回來了，同時也瞭解了原來自己做了什麼，只是隱瞞著自己而不自知。

THINK・FEEL・DO

今天，檢視你在哪件事上覺得自己有理，並放下它。列出三個你心有怨懟的對象，去拜訪他們，寫封信或打個電話也可以。針對你誤以為是他們對你做的事，誠心道歉。你將在你的道歉中得到解脫。

請把自己當成引發怨懟的人　向他道歉

如若心懷怨懟

If I am exhausted, I am playing a role.

25

很多人陷入了疲憊的情境裡，感到精疲力竭，因為我們演出了人該如何的自我信念。當我們的行為出自角色、規則和義務，就算事情做對了，但出發點卻錯了，因為是我們出於習慣而非選擇而做。這會令我們做些沒必要的事，為逃避某些感覺而做，或是做些讓自己無法領受美好的事。

選擇，為我們帶來能量。當我們疲憊不已時，可以為自己設定小一點的目標，每完成一個，就會讓我們重獲更多能量。把角色變成一個給予或領受能量之處，選擇去做你願意做的事，而非出於應該而做。帶著意願，用對的理由去做對的事情。

THINK · FEEL · DO

今天，從生活中選一個讓你感到疲憊的地方。現在，想像這個疲憊的自己只是某種面具或戲服。摘下面具，你看到的是誰？你看到的可能是你的家人，是頭怪獸，是個小孩，甚至就是正遭遇痛苦、需要支援的你自己。問問你怎樣能回應他的需求。當你給予支援並提供教導時，想像你正擁抱著自己或對方。你一邊愛著他們，一邊讓他們融化進你的內在，直到你內在的能量缺口被填滿。隨著這股能量為你運轉，你的內在衝突得以療癒。

如果感到精疲力竭

我就是在扮演角色

When I am feeling dependent and needy, I let go and trust.

26 處

當我們感到自己在關係中的依賴和需索無度時，要想像將我們的需求放掉，是件最嚇人的事。然而，這麼做卻能為我們帶來成功。每當我們放下執著，我們的吸引力和夥伴關係便提升了，將關係提升至新層次的結合與浪漫。如果不放下、不肯信任，我們便成為另一半的負擔，我們的依賴和乏味會把對方從我們身邊推開。我們愈變得依賴，就愈會喪失吸引力。在試圖緊抓對方的同時，我們其實是將對方推得更遠了。

依賴，是試圖索取卻無力領受的一種形式。如果我們真的看重夥伴關係，就會放下自己的所需，不再擋住自己的路。我們相信只要空出雙手，更好的事物必將到來，取而代之。當我們不汲汲於索取時，自然能夠接納；當我們懂得放下時，最終就能領受。

THINK · FEEL · DO

今天，想像將你所有的需求交到神的手中，讓你的高層心靈決定你是否真的需要，並決定你將領受到什麼。懷抱期盼，知道美好的事物即將降臨；信任對象，你願意信任的意願將讓你往前移動。

當我感到依賴且需索無度時　　我放下　並信任

What I resist in another will persist until I accept it.

直到接受為止
我們所抗拒的才會消失

27 龜

　　人對某種事物的抗拒，通常會持續很長時間。我們之所以會碰到人事紛擾，是因為我們還有功課要學習。因為內心仍有抗拒，我們越想逃避，反而身陷其中，是我們的抗拒牽絆了自己。當我們接受自己所抗拒的事物時，我們便寬恕了對方，向前移動並與對方結合，自己也能得以解脫。

THINK · FEEL · DO

　　今天，想想你心中最抗拒的人，想像你跨越了你們之間的距離，感覺你的內在之光與他的內在之光結合。當你感受到這兩道光結合時，讓自己保持在平安中。在接下來的一天當中，檢視這種平安感是否還在。如果平安受到干擾，可能意味著你正進入另一層抗拒，那就再花點兒時間，感覺自己朝對方移動，讓你的光和他的光結合，直到你重拾完整的平安為止。

Abundance is the result of willingness to receive.

28 處

人們通常渴望擁有那些自己所沒有的，然而當我們往心靈深處看時，我們會發現自己所欠缺的，其實是自己不想要的。我們之所以不想要，是因為我們害怕擁有。

例如，我們有這樣的信念，認為好人不應該有錢、擁有豐盛，以及過著美滿的性生活。我們就只能當個貧窮的好人或是富有的壞人。因為我們的信念認為豐盛是不好的，因此恐懼甚至大於擁有豐盛。實際上，我們愈是抱怨自己得不到想要的東西，愈是因為內心害怕擁有。倘若我們檢視自己的信念系統和恐懼程度，就會看到，即使口口聲聲說想要得到什麼，恐怕也只是在騙自己罷了。

在某些地方，我們把某種想法或感受（或許是罪疚感，或許是恐懼）看得比自己想要的事物更加重要。但這個問題並非出在情境或別人身上，而是自己。當我們有意願去改變自己的態度，勇於敞開自己，進入新層次，找出隱藏的恐懼，好好檢視自己的信念系統時，我們就會看見並放掉那些阻礙豐盛的信念。

THINK · FEEL · DO

今天，想想是什麼負面信念讓你得不到你想要的。放掉任何有礙你領受的信念或感受，想像你已被自己想要的一切完全充滿。

豐盛來自於願意領受

It is not the truth unless everyone wins.

29 處

在任何形式的競爭或權力鬥爭當中，當我方勝利、對方落敗的時候，他們遲早會伺機反擊。真正可行的情況必須是所有人皆贏，如此才不會因小失大，而能量也能往更高的層次移動。

相互妥協並非真理，只是雙方皆放棄某些事物，以保住自己想要的其他事物而已。若我們停止溝通、彼此妥協，每個人都會覺得自己輸了，而且好像有所犧牲。但只要我們持續溝通或協商，不達到全贏的結果不甘休，我們就能讓整個情形有嶄新的、完整的樣貌。權力鬥爭中的所有不同立場，至少都擁有某種程度的真實。若能彼此整合，就能融合所有觀點，成為一個嶄新的視野，當然，也就能呈現出真理。

THINK · FEEL · DO

選定一個和你持相反立場的人。盡心盡力和這個人溝通，直到你們雙方都覺得能達成最終決議和嶄新願景，且這個新做法、新願景能創造出雙贏的結果。

若不是全贏 便不是真理

Pain is an area where I have cut the lines of relatedness.

30 處

痛苦就是我們將自己抽離出看似過於困難的處境，因為不喜歡對方所做的事，就將自己抽離出來。但否認這個關係的同時，我們也切斷了自己，並因此受苦。即使多年後，當我們碰觸到藏有潛意識的地方—那些與老朋友、親人，甚至部分的自己切斷連線的地方，我們依然會受苦。

THINK · FEEL · DO

今天，選擇一位在你腦海中自然浮現的，令你感受到召喚、想重建連結的人。靠向對方，擴展你自己，穿越你正經歷的痛苦。在你修補連結的同時，好好感受你與他們的連結。

切斷的地方

痛苦就是我將連結之線

Sex is communication, not just the plumbing.

31 毫

性愛並非只是像當個好水電工那樣機械、簡單。性愛的本質實為溝通，而我們溝通的內容就成為我們的經驗。若我們並非溝通愛，我們的體驗就不是愛。如果我們的性愛經驗只是形式上的釋放，滿足自己的需求，那麼我們就大大限制了性愛的格局。如果我們將性愛的能量看作一個禁忌，就會帶來偷嘗禁果的刺激感；但如果只停留在打破禁忌和隨之而來的興奮感上，我們就會將性愛限制在第一種層次，而錯過其他可以進一步領受的一切。

性愛是強而有力的接觸及溝通方式。性愛的溝通擁有極大的療癒能力，讓我們超越權力鬥爭，和另一半連結。性愛幫助我們跨越彼此的差異，進而創造出一種嶄新的實相、夥伴關係及釋放的感覺。溝通擁有療癒的功效，讓我們不再感到死氣沉沉，性愛也有同樣的效果，只要它能超越肉體上的經驗。性愛是情緒及靈性的活動，也是我們所能創造的一切結合和接觸，重點是真正去瞭解我們做愛的那個對象。如此，我們才能夠對另一半完全給予且完全領受，我們將完全享受彼此的存在。

THINK · FEEL · DO

今天，檢視你傳達給愛侶什麼訊息。你是否對性愛有所退縮？你傳送給世界和神什麼樣的訊息？讓自己願意再度延伸出去。願意對性愛敞開，擁抱更高層次的嶄新體驗。不是做愛，而是讓愛在你身上做功課。

性愛是一種溝通

To heal boredom, take an emotional risk.

32 處

若要療癒無聊　須在情緒上冒險

　　無聊讓我們感到疲憊、沮喪、潦倒和死氣沉沉。當我們對另一半不耐煩時，無聊感也讓我們把錯歸咎於另一半，仿佛自己都沒有責任。然而和其他情緒一樣，無聊感和我們本身直接相關。無聊是對付出有所保留的產物，由於害怕冒險、害怕溝通，因此我們在一些情景之下有所保留。

　　當我們願意溝通之前害怕攤牌的事物時，將體驗到興奮感和一種新的情緒能量。有時我們不願意溝通某些事物，是因為害怕危及彼此的關係，但這樣其實讓我們更加疏遠了。我們願意冒著情緒反應的風險，做完任何需要做的事，為自己的經驗負責，並且走向我們的伴侶，療癒那份無聊感。

THINK · FEEL · DO

　　今天，捫心自問你在保留什麼？你在哪些地方有所保留？和你的伴侶溝通這些問題。持續溝通，直到兩人都感到被聆聽，感覺達到雙贏，感到平靜祥和，感到可以攜手繼續前行。

In any relationship, one person is the problem-finder, the other is the problem-solver.

33 處

在所有關係裡，雙方會演變為分別扮演兩極的角色，而兩種角色都對關係有益，讓其得以向前推進。如同電池的正極與負極，若要使其正確且順利地運作，兩者缺一不可。

一方看起來比較悲觀，或稱為「負向型」，他們自封為現實主義者。他們擅長溝通，更能接觸到自己的感受，同時具有高度辨察力。他們天生善於找問題，可以找到關係中現存或可能存在的問題。另外一方會較為樂觀，或稱為「正向型」，較像是理想主義者。他們在關係中更圓滑、委婉，而與專找問題的「負向型」角色比則更直截了當。「正向型」的問題解決者雖然有些天真，但他們可以扭轉整個局面。

「正向型」的人有時候會不假思索地歡欣承諾，結果卻超過自己的負荷；「負向型」角色則清楚地明白某項事物需要耗費多少能量、金錢

關係當中 一方會發現問題

另一方會解決問題

及時間。「正向型」角色和「負向型」角色若能並肩合作，絕對能無往不利。若雙方皆能明白對方在關係中的重要性，便能以團隊的姿態向前移動。「負向型」角色能直指問題所在，而「正向型」角色能轉化問題。值得注意的是，在一段關係當中，我們可能在某些領域扮演「負向型」角色，在其他領域扮演「正向型」角色。例如，在金錢理財方面，我們可以是「正向型」，而另一半則是「負向型」；然而在小孩教養方面，我們可能是「負向型」，而另一半則是「正向型」。

THINK · FEEL · DO

　　今天，審視一下自己的重要關係。你在哪些領域是發現問題者？在哪些領域是解決問題者？在以上領域，你是否感激另一半的貢獻？如果你能學會看重另一半，你們的關係將更上一層樓。請感激他在關係中的貢獻和功能。學習看重對方的付出，因為有對方，你們兩人才能共同前進。

Giving is receiving.

付出即是領受

34

付出是生命中最美好的感受之一。付出和犧牲不同，犧牲不允許我們領受。但當我們付出時，卻能真切地感受到自己的偉大。我們所付出的一切，讓我們感到愉快，並且在當下即能領受。這也是為什麼許多人類早期的原住民部落如此慷慨，因為付出讓他們感受到自身靈性的偉大。

付出事實上是一種領受。我們對某人付出的程度，就是我們感受到他們付出愛的程度。他們可能全心全意地愛著我們，但若我們不懂得付出，就無法敞開到足以收進對方的回饋與付出的程度。透過付出，我們將體悟到自己內在一直擁有的豐盛。這樣的體悟將使我們明白領受的真意，我們將能收穫自己所付出的禮物或感情，我們付出、體驗，並且領受自己靈性的美好。

THINK · FEEL · DO

今天，想像自己擁有全世界的各種資源，不管你認為有誰需要什麼，你都可以用豐盛的資源祝福他們。在這一天裡，花時間支持你身邊的人，為他們付出。不再只想著自己，讓自己多付出一點點，多展露笑容，多跨出去一點點，多與人接觸。在內心想像某個人來到眼前，你送給他一份特別的禮物，不需要什麼理由，只因為這麼做使你感到歡喜。想像你祝福身旁的所有人，整天都在送出這些禮物。

Expect nothing, and anything seems like everything.
Expect anything, and everything seems nothing." - Sam Hazo

35 處

　　期望就是限制，同時也是強求。當我們期望或強求某些事物時，即使得到也會感覺空虛；然而若我們別無期望，任何獲得都可以是一種禮物，任何事物都能使我們驚歎，並提供新的思考方式。

　　如果腦海中有事情應該如何發展的樣貌，我們的期望就會導致失望和挫敗。每種期望都是對他人的一種強求。當感到他人對自己有所強求時，我們有時候會一口回絕，有時候會依照他們的要求來做。即使配合與付出，但他人的期望還是會讓我們備感壓迫。若我們願意放棄所有的期望，不再期待某人或某事應該如何，這樣一來，自己和整件事便都能往前移動。

THINK · FEEL · DO

　　今天，請檢視生活中讓你感到挫敗及失望的地方，敞開胸懷，放下期望，放下事態應該如何發展的想法，讓自己得以向前移動。帶有意願地迎接驚喜和新的思考方式，你就會往成功邁進。請樂於學習這一課。

若無所期望 一切皆具足

若有所期望 萬物皆不足 [2]

---
[2] 引自山姆・赫索（Sam Hazo）。

The extent of my expectation is the degree of my stress.

我期望的程度 就是我感受壓力的程度

36亳

我們對於他人的強求就是對自己的期望，期望來自於自身的不足感和需索無度。為了滿足那些需求，我們試著掌控內在和外在的情況，進而把加在自己身上的需求又強加到他人身上。相反，我們越靠近目標（我們想要的事物，但對是否能達成保持彈性心態），目標便越自然地吸引我們靠近。若我們擁有一堆期望，就像埋頭苦幹卻只得到很少回報，因為我們什麼都收不進來。因為期望的說法都是「應該要」、「必須要」、「一定要」、「勢必要」和「絕對要」，這些只會剝奪我們領受的能力。

我們的壓力源於生活中苦幹卻徒勞無功的忙碌。這種忙碌狀態造成的壓力，使得我們和期望越靠近，就越會將諸多要求強加在自己身上，進而對期望達成的抗拒也越大。

THINK · FEEL · DO

今天，檢視你在哪些領域因感到壓力或抗拒而無法向前移動，你可能會發現，是對於自己或情況的期待讓你裹足不前。放下期待就能釋放壓力。

想一想你身上所有未完成的計畫，放下那些早已不合時宜的計畫，然後重新設定其他方面的目標。一步一步慢慢來。在關係中也是一樣，不管是要療癒你們的關係還是要讓關係更上一層樓，都要先從設定小目標開始。放下期望，躍進並臣服於生命之流。停止嘗試硬要事情怎麼樣，那只會帶來壓力，並阻礙你的領受。

Expectations are time bombs waiting to go off.

37 處

我們期望越多，收進就越少。期望是我們認為讓自己快樂的想像，但即使我們得到了想要的事物，還是無法真正快樂。快樂不是我們能夠從外在環境中強求而來的，而是從內在產生出來的。

我們的期望遮掩了自己某些隱藏的需求，並且假裝這種需索無度和自己一點兒關係也沒有，全都是伴侶的責任。這自然會導致權力鬥爭，因為當深陷期望當中時，我們不是重複一些無關痛癢的話語，就是對對方有所強求。當然，後者會讓伴侶心生抗拒，隨著抗拒愈演愈烈，遲早會造成爆發或分手——定時炸彈終究會引爆。

我們願意放下期望，就能讓我們敞開心胸擁抱期盼。期盼是一種正面感受，那是一種明瞭，明瞭將有最好的一切到來，即使我們不知道那會是什麼。放下我們的期望或強求，轉而迎接一種充滿期盼的態度，這將讓所有的好事接踵而至。不用強求，只需邀請；我們不需要期望，因為心中明白最好的都已經在路上了。

THINK · FEEL · DO

今天，想想看你在哪些方面沒有領受或是感到有急迫感，這些通常是你抱有期望的地方。請充滿意願地放下你的期望，信任無論即將到來的事情是什麼，都將推動你向前。

期望是等著引爆的定時炸彈

期望摧毀經驗

Expectations ruin experiences.

38

期望摧毀經驗，因為期望強求現況符合我們的需要。然而，即使情況照計畫發展，我們的需要還是很有可能未被滿足，計畫總是會扼殺過程中所有的靈感與啟發。

期望和目標不同。擁有目標是好事，因為那會邀請我們向前，同時也更有生產力，更成功。如果錯過期限或目標，只要重新設定就好了，這也能促使我們往前移動。但如果期望落空，我們就會自責不已，反而無法讓我們繼續向前。

THINK · FEEL · DO

今天，請覺察自己的期望，帶著意願放下你對事情應該如何的看法。如此一來，才能讓宇宙教導你什麼對你最好。發自內心最深處地信任，每件事物的發生都是為了你的療癒及成長。若你願意接受每種經驗的本來面貌，並在任何情況下進行全然的接觸，你將更有可能獲得幸福和快樂。

若你對即將發生的某件事抱有期望，請想像那件事如同一座城市，坐落於一條美麗的祖母綠河流的尾端。自己坐上一艘小船，在平靜的河面上航行。小船隨波前進，你只需放鬆，觀賞途中的風景。河水會引領你至城市，也就是你的目標所在，一切是如此輕易。當目標呼喚你時，你什麼都不需要做，只要放鬆和享受。

"Note

_____

_____

_____

_____

_____

_____

What I repress, my children will act out.

39 處

我所壓抑的
我的孩子將會表現出來

　　有時候，我們在孩提時代經歷了某些創傷或痛苦，就會將自以為惹麻煩的那部分分裂掉，我們拒絕那部分的自己。

　　基本上，所有失敗的地方都是我們排拒內在某部分的自己而壓抑住的地方。壓抑的過程中，我們漸漸忘記那些部分，然後又忘記自己忘記了什麼。然而，我們壓抑的那部分將會在親近的人身上顯現，因為我們將自己失落的部分投射到了他們身上。這種情況在我們的孩子身上特別明顯。例如，如果我們將自己的性能量加以壓抑，我們的孩子在這方面就可能特別早熟。如果壓抑了自己認為不誠實的部分，我們的孩子就似乎會老是愛說謊。

　　無論我們將什麼藏到地毯底下，孩子們都會替我們抖落出來，也讓我們總算有機會寬恕這個部分並釋放隱藏的罪疚感。我們最不喜愛自己的部分，會在家人身上呈現出來；孩子將會展現我們暗藏的一面，我們要整合那部分才能成長和療癒。

我們無法和孩子分離，我們總希望能幫助他們解決所有難題，並透過這樣的過程理解和接受他們。寬恕孩子，就是療癒自己。當我們學習找回自己的感覺並重新和自己連結時，我們的孩子自然也就得到了釋放。

THINK · FEEL · DO

　　今天，找出你孩子身上可能存在的一個問題，若你沒有子女，就選一位與你非常親近的人，在他們身上選一項你特別討厭的特質。想像時空倒轉至你當年將這項特質推開的那一天。當時的你幾歲？事發當時，誰在你身旁？當時發生了什麼事，讓你將這部分的自己評斷為壞的和錯的？

　　現在靠近那個小孩，那部分的你不理解為什麼自己被排擠。將這個孩子抱起，放在你的大腿上，充滿愛意地滋養他，感覺他融進你的身體。整合完成時，原本負面的感受將一掃而空，能量將匯聚成為成長的力量。

The more I love myself, the more I can recognize that I am loved.

40 鹿

我越愛自己 就越能感受被愛

多數人都感覺自己不被愛，這是世間最嚴重的問題之一。這儘管令人難過，但除非我們愛自己，不然無法解決這樣的兩難。

如果我們感受不到任何對自己的愛，就算親朋好友愛我們，我們也很難感受到他們的愛。然後，我們傳遞出自己不值得被愛的訊息，自然會使人敬而遠之，催生出許多問題。要開始解決這種不被愛的感覺，就要開始認可自己的價值。我們賦予自己的價值，會讓其他人也看到我們的價值；如果我們不認可自己，就不會得到任何人的認同。當我們愛自己的時候，就能感受到被愛。

THINK · FEEL · DO

今天，做一件象徵你愛自己的事情。這裡指的並不是放縱，放縱不會讓你感到被愛——事實上，放縱會像犧牲一樣讓你筋疲力盡。從細細地檢視自己開始，你的哪些地方更值得自己尊重，而且自認值得褒獎？你的哪些地方值得自我認可，而且真的值得你多多認識？你能做些什麼，當作給自己的禮物？請慢慢培養這樣的態度。

大部分時候，你對自己比對周遭的人嚴厲多了。現在是讓自己喘口氣的時候了，並認識自己真正值得擁有多少。若你已開始感到不值得被愛或無價值，就感覺它，直到這種感覺不存在為止。不要漠視那份感覺或嘗試掩飾太平。療癒最簡單的方法就是願意感受自己的感覺，直到它們煙消雲散。更往深處看，你可能會發現更多厭惡的感覺，去感覺它們。當這些感覺離開後，你將能更敞開地去感覺對自己的愛，也能更好地領受他人對你的愛。

Temptation occurs when a new level is about to be reached.

41

　　誘惑讓我們分心，這是用來耽擱我們的工具。所有延誤我們向前移動的都是自我的陰謀，用來抵抗自己的偉大。這樣只服務了我們的恐懼，甚至是對於一切美好的恐懼。

　　誘惑使我們分心，忘記本來要前往的地方。如果我們拒絕誘惑，就能讓自己繼續向前。如果我們將能量引導回自己的關係中，兩周內就能在關係中培養出當初誘惑自己的特質。當我們願意將那份特定的能量導回自己的主要關係中時，就會讓關係變得更穩健和令人滿意。

　　有時候，就算在肉體層次上不肯向誘惑屈服，我們的心仍停留在那個人的某種特質上，以為那種特質可以滿足自己的需求。當主要關係無法滿足這樣的需求時，小我為我們提供這樣的誘惑，若我們接受誘惑，那心就分裂成兩半，我們立刻變成了雙頭馬車，時間隨之浪費掉，問題和痛苦也註定會隨之而來。

　　當與他人產生個人連結感時，通常也會感受到性吸引力。很多時候，當感受到這樣的能量時，我們會想要立即飛奔向前，跳進去，放縱自己。然而，若我們選擇保有誠信繼續前進，當達到某種程度的親密時，將浮現一種愛的能量，讓所有的性能量轉為安全的能量。如果我們毫無辨別能力地放縱自己，很多時候隨之而來的罪疚感或問題必將使兩人失去連結。我們所感受到與他人的連結感，其實是供雙方用在創造力能量和合作計畫上的。

THINK · FEEL · DO

　　今天，仔細檢視是什麼在誘惑你，有意願地將那股能量轉移回自己的主要關係中。透過這麼做，你的關係將層層綻放，贈予你新的禮物——事實上，禮物說不定就是當初誘惑你的那種特質。

Staying open and feeling my feelings creates healing.

保持敞開並時刻觀照

自己的感覺 將創造療癒

42 毫

　　很多時候，當我們受到攻擊時，不管對方所說的話是否有絲毫真理在內，我們的內在都會升起痛苦的感受，比如罪疚、憤怒、恐懼、傷痛、挫敗等等。當遭遇這些感受時，我們不是與之疏離，就是用來報復。其實這兩種防衛手段都無法真正改變現狀，最好的回應就是卸下所有防衛。

　　毫無防衛的狀態就是瞭解這些感受沒有是非對錯，它們只是我們正在經歷的真實存在的感受。透過這樣的態度，我們保持敞開去感受自己的自然感受，直到它們退去，這也讓我們和攻擊者都邁出下一步。當不好的感覺消退後，這一步便完整了，而這段關係自然也就能向前移動。

THINK · FEEL · DO

　　今天，盡可能保持毫無防衛的狀態，並勇敢地經驗自己的感受。你可能會掉進慘痛的感受當中，但只需好好感受它，直到完完全全消散為止。給自己所需要的時間，直到感到平安、快樂為止。光是這麼做就是一種療癒，並讓關係更上一層樓。

The less I expect, the more I receive.

43 毫

我們的期待背後藏著一種強求，強求背後是一種需求。這樣的需求造成一種急迫感，我們越覺得自己非要不可的，越會創造出抗拒。我們越想得到的東西，暗地裡卻將其越推越遠。我們覺得越需要它，就創造出越多抗拒，讓自己越收不進來。我們對那些本來可能想要滿足我們需求的人，也會產生更多抗拒感。我們對他們的要求越多，他們就越有可能抽離。

當我們對某人有所求時，只有非常成熟的人才能不逃開。放下自己的期望，反而更能讓我們有所領受。一旦那種急迫感消失，我們的另一半或是身邊的其他人便會更願意填補那個空缺，做出回應，滿足我們。

THINK · FEEL · DO

今天，你對誰抱有最大的期望？你期望些什麼？趕緊別再擋自己的路了。放下你對自己或他人的期望或強求，好讓別人能為你付出。

我期望越少 就能領受越多

The independent partner can move the relationship forward by valuing their partner.

44 處

獨立的伴侶

若看重另一半 將能使關係向前進

許多個性獨立的人，對關係往往有所承諾，卻沒有意識到他們有能力轉化關係。如果我們是關係中獨立的一方，試著看重並依賴我們的另一半，因為他們會起關鍵的作用，讓關係得以向前移動。感激他們一肩扛起所有痛苦和「需索無度」。「我只是運氣好，所以逃過一劫。」隨著我們看重對方，他們會變得更有吸引力，達到雙贏的結果。為了靠近他們，我們必須克服自己的抗拒感，向內找到需求的感覺。帶著純粹全然的意願，我們才能靠近伴侶，將他們從痛苦及需索無度中拔出來，獲得新層次的夥伴關係。

獲得新層次的夥伴關係並加以慶祝之後，關係往前推進，然後在未來某個時候，我們又能扮演獨立自主的角色。就像之前一樣我們靠近伴侶，支持他們，拉他們一把。每當我們這麼做的時候，他們外顯的需求和我們內藏的需求便得到療癒，而關係也能持續向前邁進。

THINK · FEEL · DO

今天，看看你周遭有哪些人需索無度，帶有意願地靠近他們。感激他們在你們關係中的位置，讓他們能更喜歡你。看重他們，承諾你會主動靠近並克服自己的問題，以幫助他們提升自信。

To have an exciting relationship, take an emotional risk.

45 亀

須在情緒上冒險

想要擁有令人興奮的關係

　　當我們覺得關係停滯不前的時候，性愛、溝通或生活方式都陷入老套的模式，解藥就是在情緒上冒險。如果事情變得枯燥無聊，一定是我們保留了某些關鍵能量，沒有進行關鍵的溝通。我們有話不想告訴另一半，因為我們覺得告訴他們後，他們會受傷，會讓我們的關係毀滅，但殊不知，這樣才更傷害他們和雙方關係。

　　將這些事情進行溝通方能為關係注入新的活水，意圖不在於傷害另一半，而在於與之分享。要達到這樣的目的，我們可以說：「這件事讓我對你有所保留，而我不希望繼續這種情形。我對自己的這些感覺負責，這並不是你的錯。我願意完全經歷這些感受並和你分享，我們可以一起改善關係。」

　　有時候，向我們的伴侶求助會引發他們非常痛苦的反應。在那個時候，我們須向前一步並真心支持他們。讓他們安心的同時，我們會發現關係已經提升至新的層次。

　　透過這樣的分享，會有新的成長契機，並體認到即將形成新的連結。當我們看重關係時，我們便有意願處理問題，讓關係可以變得更好。我們有意願冒險，持續為關係帶來興奮感。

THINK · FEEL · DO

　　今天，讓自己在情緒上冒險，好讓事情變得更好。你一直在對誰躲躲藏藏？你不敢和誰分享心情？記住，當你與某人關係非常親密時，你的任何付出，他們都能收得到。若你與對方已有承諾，任何事情你都可以說出來，因為他們知道你的意圖並非想要有所保留，也不是要怪罪對方。

Perception is projection.

觀感實為投射

46 處

　　我們眼中所見皆是自己心靈的映射，換言之，我們眼中所見之人、事、物，都僅是對自己的信念系統的映射。

　　如果我們改變自己的信念，就能將我們加諸其他人身上的限制拿走，不再總是只看到自己的樣子。當我們為了自己的經驗負起責任，瞭解那些經驗是來自於自己的信念，就會有力量改變現況。例如，如果不喜歡某部電影，我們並不會試著改變銀幕上的影像，而會到放映室去更換影片。影片就像是我們的信念系統，放映室則是我們的心靈。透過這樣的比喻，我們就能瞭解自己這一生所拍的是一部怎樣的影片。可能是悲劇、喜劇、愛情片、冒險片，甚至可能是無聊透頂，以致於自己都看不下去的影片。

　　當我們願意看到自己之所以選擇某個特定事件是為了其中的好處時，我們的觀感就能有所改變。譬如說，我們在生活中有某種重大經驗，無論是正向的還是創傷的，我們的決定都創造了對人生、對自己、對關係，甚至對神的信念系統，造成了我們內在心靈存在著兩種互相牴觸的信念

系統。然而有時候，我們將自己所做的決定壓抑並遺忘掉，若我們自我隱瞞的信念開始運作，則我們的生活會變得非常複雜。人痛恨衝突，若內在有兩個信念系統相衝突，我們甚至會掩蓋其中一個。如此的否認會把衝突掩埋在內，卻又向外投射。一旦認識到自己的好處，也就是當初對人生自以為是的地方，我們便能開始穿越。穿越之道就是敞開自己，讓寬恕、轉化、甚至奇跡發生。

THINK · FEEL · DO

今天，檢視你的伴侶，你對他抱持怎樣的信念，讓你看到他是這個模樣？帶有意願地改變你對他的信念，同時也願意看到更高的價值或信念。這不但會改變你對他的觀感，也會改變你自己。當你決定檢視並改變你的下意識信念時，就會改變你投射在生命銀幕上的影片。當你認識到所見和經歷的一切都是自己的責任時，你就會覺察到自己在放映室中的所作所為，然後，選擇更幸福的關係和更快樂的人生。

When I give and get hurt, I am giving to take.

47

許多人都會抱持這種態度，覺得自己把人生中最精華的時光都獻給了家裡的那口子，但有些時候卻沒有得到該有的肯定，於是感覺受傷、受拒、甚至想要離開。之所以有這種情況，一定是我們為了索取而付出，自行和對方簽訂單邊契約，強求他們按照我們所想的方式回報。

如果我們是無償地付出，出於純粹的愛而付出，關係中的另一半就不會將我們推開，因為我們並沒有嘗試想要有所得。而當我們因為自身的完滿而給予時，我才能完整地領受關係中的愛。在關係中，他人如何反應並不重要，因為付出本身的快樂就是回報。

THINK · FEEL · DO

今天，找出一個你為其付出是為了要回報的人，並開始無償地給予對方一些東西。不管你被召喚要給對方什麼都好，將之無償地付出給對方，好讓自己能完全從糾葛中解脫。放下吧，不要再期望或強求對方該如何回應，因為你心中明白付出本身就是回報。

其實我是為了索取而給予

當我給予卻受到傷害時

Guilt always hides fear.

48 處

罪疚是人為過往的錯誤建立的紀念碑，我們總是離開當下的生命道路而返身去祭拜這座紀念碑。它讓我們退縮、抽離，並對我們愛的人有所保留。

我們可能覺得自己犯了錯，對不起另一半，因而心懷罪疚；但是罪疚感不但強化了那個錯誤，還剝奪了另一半正需要的愛和滋養。寬恕自己才能突破罪疚感，讓我們能夠付出愛和滋養。罪疚感就像生命中的超級強力膠，讓人動彈不得；罪疚感的最主要目的，就是讓人有藉口無須往前移動，不用面對下一步。人的意願讓下一階段得以出現，恐懼就會迎刃而解，就如同寬恕讓罪疚感迎刃而解一樣。

THINK · FEEL · DO

今天，檢視你如何因為自己害怕未來，而利用自己的罪疚或糟糕的感覺阻擋自己前進。看看自己如何害怕未來會重蹈覆轍，因而一直活在過去。你要願意釋放罪疚感，讓未來浮現更遼闊的地平線，召喚你向前，你不需要害怕自己的未來。

現在就做出選擇，不再自我懲罰、被過去的錯誤當作人質挾持，不再貶低自我、把自己當作全世界的中心。生命不僅僅是關於你個人，生命是關於快樂，以及會帶來快樂的療癒。罪疚感不願學習這門功課。當你選擇釋放罪疚感（還有隱藏的罪疚，也就是我們指責他人，讓他人心感罪疚之處），你就有了快樂的意願。

罪疚之下必藏有恐懼

我真正痛苦的原因

永遠都不如我所想像

49 處

　　通常，我們實在和自己太疏遠，以致於感到痛苦時，從來不會體認到自己究竟是為什麼痛苦。我們常常會自我混淆，淡化感受，粉飾太平，然後告訴自己各式合理的研判去解讀痛苦，我們告訴自己和周遭所有的人一個合情合理的故事。

　　我們真正痛苦的原因來自於心靈更深的地方（下意識或是無意識心靈）。當我們在關係中感到痛苦，正是我們需要深入挖掘的時候。當前的挫敗只是個引信，讓我們能夠接觸背負已久的感受，讓那些感覺獲得療癒。若我們感到痛苦時能夠和自己接觸，就能認識到其中有多少痛苦是來自於過去。隨著我們就這分原始的痛楚開始溝通，分享它的來源，我們不僅療癒了這份痛苦，更找回了與生俱來的自我表達和溝通能力。

THINK · FEEL · DO

　　今天，開始溝通至少一件讓你痛苦的事件。純粹分享，不帶有任何改變對方的意圖。完成分享之後，反觀自己，感受你抱怨之下的感覺並進行分享。持續往自己內心深處挖掘所有的感受，並持續分享。有時候，腦海中可能會出現這些感受最初開始的場景。保持和感覺同在，不要落入故事的圈套裡頭。你分享的越多，就越能將自己從這個舊傷痛中釋放。

Receiving is giving.

50 麾

我們領受不僅是為了自己，也是為了周遭所有的人。我們領受的越多，就越會自然地付出並樂在其中，因為自己已經心滿意足，自然就會將這份富足感傳遞給其他人。許多人熱愛付出，但是卻很不懂如何領受，反而陷入犧牲奉獻當中，最後讓自己筋疲力盡。

在關係達到交互依靠（夥伴關係）之前，我們對領受真的很害怕。夥伴關係教導我們如何領受。我們學習領受，讓周遭的人感覺被愛。領受也是一種美好的付出方式。當我們的孩子滿懷愛意地走向我們，送給我們一小棵野草時，野草在我們眼中彷彿是全世界最美麗的花朵，野草就透過愛，轉化成一個美麗的禮物。我們願意領受孩子的愛的這種轉化力量，也是送給孩子的一個禮物。

THINK・FEEL・DO

今天，藉由享受你的伴侶和其他人的存在，全然領受他們所給你的，這便是對他們最有意願的付出。請認識到比起你平時允許自己領受的事物，實際上你能夠多獲得多少。打開心胸接受所有付出給你的一切，接受生命給予你的所有事物。從日升到日落，領受旭日東昇的壯闊、自然界的交響曲，還有夕陽西沉的美景。今天請全然領受，盡情陶醉其中。

領受即是付出

What I am expecting of another, I am not giving to myself.

51 處

我期望從他人身上得到的　正是我沒給自己的

如果我們期望他人的愛或認同，就代表我們自己沒給自己。持續抱怨對方沒有給我們什麼，其實反而阻礙了他們的付出。如果我們懂得付出給自己，就能打開大門，讓其他人對我們的愛和認同進來。我們會發現許多人不僅有能力，也願意付出。

THINK · FEEL · DO

今天，利用每個小時整點的時間，不管你等待已久的是什麼，就好好送給自己吧。請記得，形式並不重要，不管是性愛還是金錢等，重要的是你所給的那個東西的能量。

Dependence is trying to get needs met in the present that were not met in the past.

52 亂

依賴總是嘗試在當下重塑過去，這樣的企圖註定會失敗。依賴為了滿足過去的需求而給予，但既然已是過去的需求，就永遠難在當下被完全滿足。舉例而言，若我們昨日需要幾塊零錢打一通緊急電話，卻在今日才拿到那幾塊錢，昨日的需求就無法因此滿足。唯有體認這個事實，並且加以寬恕，我們才能釋放過去。放下過去和當下的需求，我們就可以不再依賴，向前邁步。

THINK · FEEL · DO

今天，請找到你總是尋求他人認同的地方，或是你感到依賴他人的地方。追根究底，你過去想從誰那裡得到愛？想像你是那個得不到愛的小孩子，你當時認為你需要從父母親或那個人身上獲得些什麼，現在將之送回給他們。

依賴總是嘗試在當下

滿足過去未滿足的需求

Any problem is a fear of taking the next step.

所有問題都是 害怕邁出下一步

53 處

　　當關係中浮現問題時，那是害怕邁出下一步的結果。如果我們願意邁出下一步，問題將會煙消雲散，或轉變為可解決的小事。

　　基本上，問題代表了心靈中我們不願付出的某個部分，這部分被分裂且保留，進而被我們投射為當前的問題。例如，如果我們付出了百分之七十五的自己，那剩下的百分之二十五就會以問題的方式呈現，成為我們的阻礙。恐懼擋在這兩片心靈碎片的中間。我們向前移動和邁出下一步的意願，可以超越恐懼，並整合我們心靈的兩個碎片，問題自然消失無蹤。

THINK · FEEL · DO

　　今天，對邁出下一步說我願意！無論問題多大，那都讓你能夠向前移動。你回想起來會發現，每次你真正邁出下一步的時候，生命總是因此變得更美好。這一次也不例外。想跳脫眼前複雜難解的問題，帶有意願地向前移動是最簡單的方法。

If my relationship is stuck, I am afraid of what would happen if it got unstuck.

54 處

我們在關係中停滯不前、無法領受的地方，就是我們害怕領受的地方。我們將其控制並藏起來。我們可能會責備另一半在這個部分不肯付出，但其實是我們害怕領受，害怕關係解除，害怕向前邁進後會怎麼樣。

THINK · FEEL · DO

今天，檢查你感到哪裡停滯不前，還有你害怕領受什麼。如果關係中這部分的停滯解除了會怎麼樣？那時你將必須放棄怎樣的自我形象和行為？你將再也無法帶有怎樣的感覺？問自己：「我無法擁有這部分的目的為何？」你是否害怕若確實在這方面有所領受，你將無法再信任自己？你是否害怕自己無法承受那樣的美好？你是否害怕無法信任自己能保有誠信？還是罪疚感或無價值感讓你無法領受？

你正是這樁陰謀的主謀，正因如此，你也有力量轉化關係中所有停滯不前的地方。帶有意願地放開控制，以便能好好領受，那會讓你自由並讓關係向前移動。只要你願意放開控制，就能打破停滯的局面，不再被卡住。

若我在關係中停滯不前

是因為我害怕看到向前邁進後的結果

My pain means I am making a mistake.

痛苦表示我正在犯錯

55

小時候，如果我們把手指伸進火爐，一定會立刻縮回來，並記住教訓再也不要那麼做。然而在情緒方面，我們早就將每根手指和腳趾都伸進了象徵性的火爐當中，卻始終沒學會這門功課。情緒上的痛苦是溫度計，讓我們知道自己正在生病，某項指標異常需要我們注意。若留意這份痛苦，我們就會發現自己的病因，進而學會預防，療癒便開始了。

THINK·FEEL·DO

今天，你要瞭解光是受苦無法產生智慧。智慧來自於學會功課、療癒痛苦，認識到自己犯錯了。若你能跳脫自己正在經驗的苦，就能自我療癒。將自己敞開，不管哪個地方有痛，花個十分鐘靜心，並請你的高層心靈協助你明白這個功課。有意願地學會這一課。呼求高層心靈帶路。

I try to control only when I have lost trust.

56 亀

控制是對恐懼的回應。當我們害怕像以前一樣受傷時，我們就會試圖控制他人、控制情況或控制自己。在下意識心靈中，在控制的需求下，藏著過往的心碎，我們在那兒忘記了信心，喪失了信任和自信。每個我們想要掌控的情況，都是自己缺乏信任的地方。

當我們心靈的所有碎片合而為一、集中心力時，產生的力量就是信任。而信心則是相信自己心靈的這份力量。將信任帶至一個情境當中，可以恢復我們的自信，讓我們放下控制，事情則能自然向前移動。若我們能夠加以信任，即使是那些表面上看起來悲慘或負面的事物，也因為有了我們心靈的力量，而開始往好的方向發展。

THINK · FEEL · DO

今天，檢視一下你是否在某種情況下試圖控制。將信任帶進這種情況裡，明白所有的問題都來自於缺乏自信。樂意相信自己和周遭的人都會盡力而為，表示你有信心一切都會「船到橋頭自然直」。信任並非天真無知，而是運用你的心靈力量讓情況逐漸好轉。

我才會想要控制

只有在失去信任時

My experience and memories are perceptions, not events.

57 亀

在任何情況下，我們經驗的其實都是事件通過的濾網，而非事件本身。因此當我們拿自己的記憶和經驗與那些共同經歷同一事件的人相比，可能會有不少出入。

我們對於童年的記憶非常不可靠，因為我們常根據符合現狀的事實來虛構故事，而現狀就是我們當下所處的世界。隨著人長大及改變，我們面對過去的態度也隨之改變，經驗自然也有所不同。藉由自我療癒，許多時候我們對父母或兄弟姊妹的想法也隨之轉化。當我們全然明白某個事件，包含所有的下意識元素時，我們將體認到誰都沒有錯，包括自己也是。舊有情況中的傷害將煙消雲散，因為真相代表對事情有了一定程度的明白，而所有痛苦也將隨之釋放。

所有的療癒都發生於自我觀感的改變，讓其更接近真相。我們怎麼知道那是真理，因為已經不再有痛苦。

THINK · FEEL · DO

今天，在任何你經歷衝突或痛苦的情況下，開始溝通。大部分的誤會和痛苦都能透過溝通而加以療癒。利用溝通作為一項工具，藉以澄清所有誤會及錯誤觀感，並體驗對方對事件的觀感。溝通讓所有人都能明白、瞭解真相。

When my partner opposes me, I am called to a new way of life.

58 魚

在一段關係中，兩人形成並演繹出一個共同心靈，其中包含了兩人心靈的所有特質。我們的另一半能呈現出真理中極為重要的面向，幫助我們成長為更好的個人及伴侶。

當另一半看似反對我們時，或在想法、答案上與我們相左時，這種情況可能讓我們備感威脅，但其實這是生命正在告訴我們向前的時候到了。我們從伴侶做事的方式當中學習，並且找到更高形式的嶄新做法，融合過去兩種方式的菁華，如此就有了移動。我們整合雙方的做法，就能讓夥伴關係更上一層樓，雙方都擁有更高程度的自信，領受力也進一步提升。

THINK · FEEL · DO

今天，請體認到即使伴侶的行事作風和你不同，假使你願意接受改變，並且整合伴侶給予你的回饋，這將對你的成長和生命活力有非常大的助益。好好欣賞你的伴侶所帶來的差異性。隨著你們的共同成長，這樣的差異性將帶來更充分的彈性、更寬廣的視野和更成功的人生道路。

當伴侶的意見與我相左時
正是在召喚我採取一種新的生活方式

When my partner is polarized, integration will take me to a whole new level.

59 亳

就某種程度而言，所有療癒都與整合有關——重新找回我們隱藏和分裂的自我，並且加以整合。當我們和伴侶在關係中出現兩極化時，另一半表現出某些部分正在召喚我們將其整合，召喚我們至更高的層次。當我們整合對立面時，我們不會得到任何的負面特性，只會吸納它的力量和能量。整合總是以最高的可能形式展現自己，包括雙方的能量，因此，雙方都能感覺到得勝。

THINK · FEEL · DO

今天，看到自己一手握著迷你版的另一半，另一手握著迷你版的自己；伴侶代表真理的一部分，你則代表另一部分。現在將兩個人形融化為各自的純能量，而你兩手捧著純能量和光——這是宇宙最基礎的元素。請注意，兩手之上的能量彼此並無差異。現在將雙手彼此靠近、互握，兩邊的能量將合而為一。你可能會看到一個嶄新的圖像、象徵和從那份能量中誕生的新方式，它也可能維持一種發光形態的能量。允許這樣的新意來到你的生命中，將你與另一半結合起來。

透過整合 我便能提升至嶄新的層次

當伴侶與我呈現兩極化時

I feel rejected when I am rejecting.

6o 處

當我們拒絕某些事物時，感到受傷的其實是自己。在一段關係裡，當兩個人都拒絕某些事物時，雙方都會感到受傷。如果另一半出現某種特定行為，想滿足自己的需求，而我們卻拒絕他們的行為，結果感到被拒絕的將會是我們自己。事實上，當我們拒絕任何事物時，感到被拒絕的會是我們自己，我們將感到受傷，甚至心碎。

請注意，感到受傷、被拒絕或心碎，都是我們自己的責任。如果我們經歷以上感受，那是因為我們是拒絕的那一方。無論情況如何，有意願地朝另一半移動，不再評斷他們，和他們溝通，全心全意付出，然後那些感受將會消失無蹤。

THINK · FEEL · DO

今天，小心你躲開又想拒絕的誘惑。在你感覺受傷的地方，靠向對方，不帶任何期望地付出給對方。

你可能會經歷幻相破滅的痛苦，但沒有任何人能傷得了你。請記住，你的感覺是你自己的責任。某些夢想明明已不復存在，你卻不肯接受，甚至推開，這樣的做法只會為你製造困難的功課。是你的決定造成這個事件，而相信它只會開啟或強化某個痛苦的模式。但擺脫幻相必定會有所助益，即使這實在不是什麼令人愉快的經驗，因為幻相無法讓你滿足。現在該是對這個情境的事件做出新決定的時候了。若你願意將所有拒絕的感受轉化成正向的感受，新的決定就可以在不用抗拒或拒絕對方的情況下輕易做出。

In power struggle, the other person has my missing piece.

61 麾

在所有的權力鬥爭當中，我們都有機會贏回自己失落的一個碎片。反對我們的人代表了那個碎裂或隱藏的部分。當我們停止評斷並接近對方時，我們便可以用一種能幫助對方的方式與他結合。我們釋放出善意，開放大門歡迎對方進入，他們就能送給我們那個失落的關鍵碎片。收進這個碎片也能讓我們成長至更高的層次，由於獲得了這份大禮，拯救對方就等於是拯救自己。

THINK · FEEL · DO

想像你的假想敵就站在面前，認識到對方代表了你所欠缺的關鍵碎片。伸出手去撕下敵人的面具和裝扮，看見你以為自己失落的那一部分。當你看見那個部分時，問問自己：「你需要什麼？」然後給予它。用支持和愛予以回應。擁抱那個部分，並認可它為你的一部分。在支持和認可之下，它會開始成長、成熟至你現在的年齡，然後重新和你融為一體。如此一來，你就贏回了自己失落的碎片，在這個部分變得更有自信、更成功，且在這一區塊擁有嶄新的領受能力。

My loneliness comes from proving I am special.

62 毫

所有我們用以區隔他人的形式，都來自於渴望在某些地方與眾不同。因此，孤單實際上來自於渴望證明自己的特殊性。有時候，孤單令人感到心酸，我們一個人靜靜地咀嚼自己的特殊性所帶來的苦痛。我們寧可自己是特殊的，也不願與他人建立聯繫，但特殊性必將帶來痛苦。特殊性永遠是一種分裂，渴望滿足某些特別的需求。除非我們自己內在深處渴望孤單，否則是孤單不了的，孤單是一種選擇。

THINK · FEEL · DO

今天，檢視你希望得到特殊待遇的地方。認識到你的孤單來自於想要不一樣，因為你害怕自己的獨特──獨特是一種領袖力才華。帶有意願地放下特殊性的面紗，它總是為你帶來痛苦。別再選擇孤單，好好和周遭的人接觸、建立聯繫，超越你對特殊性的需求。認識到你是多麼受到肯定與賞識，你帶有與生俱來的吸引力。

孤單來自於　我想證明自己的特殊性

I create problems as distractions when I am afraid to receive.

63 毫

當我們正要領受某些事物時，如果會突然遭到某些問題的干擾，那是因為我們在害怕。藉由深入檢視是怎樣的恐懼創造出外在的問題，我們就能接觸到自己受到威脅或無法負荷的感受，甚至可能覺得自己必須有所犧牲才能還債。在療癒完對領受的恐懼之前，我們將持續創造出外在問題，好讓自己分心。

THINK · FEEL · DO

今天，承諾找出讓你無法領受的源頭。閉上眼睛，深入內在，並且待在那一陣子。在你安住在那個地方的同時，允許自己開始想像，可能是怎樣的恐懼阻礙了你的領受。透過探索你的內在世界，讓那些受到威脅、無法負荷或有所犧牲的感受浮上表面。單純地感覺它，燃燒那份感覺，直到它消散。你可能會發現那份感覺層層交疊，一整天的時間你都要去感受。帶有意願地燃燒每一層感受，直到感覺消散，當它消散時，你將能夠自由領受。

當我害怕領受時　就創造出問題讓自己分心

When I am afraid of how good it can be, I create problems.

64 亀

我們會製造問題的原因是因為害怕領受。害怕領受的原因是覺得自己不值得享受即將到來的美好可能，或擔心未來會好到讓自己無法承受。

我們是自己人生的創造者，這意味著，我們必須為自己人生的樣貌負責。藉由檢視自己的問題，我們能瞭解到這是我們覺得自己值得享受的事物。

THINK · FEEL · DO

今天，檢視你是如何透過身邊的種種問題來自我攻擊的。想像一下是你自己製造出這些問題的，因為在下意識的層次，你的確在這麼做。這些問題都來自於你。想像關鍵在於你的恐懼，那是所有問題的動力。只需要坐在那裡和問題相處，直到恐懼開始浮現。浮現的時候，感覺它，燃燒它，直到它消失為止。

當我害怕可能到來的美好時

我就製造問題

關係是邁向成長的最快路徑

65 處

　　我們並不總是感激關係所帶來的一切。有時候我們會覺得：「我交往是為了開心，但自從蜜月期結束之後，我就一點兒也開心不起來了。」很多時候我們會抱怨自己遭遇到的種種負面感受，種種的負擔、沉重、犧牲以及所有要面對的課題。

　　然而，關係一直都會提供讓我們成長的道路。關係會持續引發我們所有尚未療癒的部分，以我們和伴侶之間的問題呈現，好讓我們能成熟、成長和實現人的發展道路。雖然關係可能會帶來困難和痛苦，但那是個讓我們持續進化的邀請，也能幫助我們擁有更高層的理解和更深刻的慈悲。

THINK · FEEL · DO

　　今天，不要回避在自己的關係中尚未被療癒的部分。花一天的時間感激你的關係，因為它引導你面對許多問題，那些是你自己一個人時可能輕易逃避的地方。隨著負面感受浮現，去感覺它們，進行溝通，並且持續寬恕直到感覺消散。你這麼做的同時，將找到內在更深一層的信任和承諾，還有全然給出自己的意願與領受力。你的關係總會召喚出這些部分。感激你的另一半和所有曾在你身邊的人，是他們幫助你顯現出你失落的部分，讓你能整合這些部分，從而療癒自己。

To end an outside conflict, change it on the inside.

66 處

所有的外在衝突都是內在衝突的表現。通常，療癒外在衝突最簡單的方式便是回到內在，找到我們心靈正在互相交戰的兩個部分。外在世界就如同一場清醒的夢境，映射出我們內在深處的情況。

THINK · FEEL · DO

今天，選擇你正經歷的一場衝突，閉上眼睛，感覺自己慢慢放鬆。感覺到一週以來的所有擔憂都融化了，從頭部流到腳底，流進地板。現在感覺自己回溯時空，回到衝突開始的地方。當時的你幾歲？那時誰和你在一起？當時你對自己和生命做了怎樣的決定？當時你還做了哪些決定，如今成為自己信念系統的一部分？你的信念系統創造你的實相。如果你不喜歡這個場景，你可以改變它。想像你是這個劇本的創作者，而你的創作有其目的，那麼這個場景存在的目的為何？

現在你已經長大成熟，應該有更好的方式可以達到上述目的。擁有如今的經歷與知識，你會如何重塑這個場景？儘管你經歷了那個事件，但你改變場景時的決定將成為腦袋的軟體。你的決定將會開始定義你的實相。你現在會選擇哪些決定？無論情況或其他人如何，如果你帶著愛向前移動，就能轉化整個情境。

The longer I hold on, the more I lose.

67

我越想抓住 反而錯失越多

　　我們越想抓住，反而會失去更多。我們要懂得何時放下自己的執著，允許生機再現是很重要的。在所有關係裡頭，我們越是緊抓不放，就越失去吸引力，也會因此成為另一半的負擔。若我們願意放下心中對於事物的期待，關係便能蛻變為嶄新層次的夥伴關係。我們可能需要完全放下，因為唯有帶有意願地放下，關係才有向前移動的可能。

THINK · FEEL · DO

　　今天，檢視一下你對於哪些部分緊抓不放。你抓住的是一個人（一位老情人還是已死去的故人？）或是某個項目？當你放下之後，留意周圍，看有什麼事物能指引你的移動方向。無所牽掛地放下，靜靜等候接下來的發展，耐心一些，可能會花上幾天的時間。請記住，若對方回頭找你，持續對他們放下，如此一來，你的不執著將讓關係持續開展，而你的吸引力也將與日俱增。

When I let go, something better always comes to me.

68 處

一旦放下，我們便自然向前移動。若我們緊抓某些事物不放，便阻礙了自己的領受。當我們願意放下，更美好的事物必將到來。可能是同樣的關係提升至嶄新的層次，也可能是另一段更美好的際遇。無論哪一種，到來的都將是屬真的（符合真理的），而且會讓我們更快樂的事物。

THINK · FEEL · DO

今天是練習放下的日子，我們要展開雙臂歡迎，同時帶著期盼靜靜等待。請讓自己勇敢地坐在這裡，雙手空空也無妨，心中深知宇宙憎惡真空狀態，所以會設法立即填補那個空缺。就這樣充滿期盼地等著，明白美好的事物就要到來。

當我願意放下時

總是會得到更好的

每場權力鬥爭

都提醒了我曾經受傷的地方

69 處

　　每場權力鬥爭背後都藏有心碎。在權力鬥爭當中，另一半展現了我們的一部分自己，我們以前將之排除、掩蓋或對其築起防衛之牆，是因為我們相信那部分曾讓自己受傷或惹禍上身。權力鬥爭使我們嘗試護衛過往的舊傷和心碎，以防自己再度受傷，但也因此使得我們受到牽絆、停滯不前。這樣的做法從未奏效過，如今也是一樣。

　　藉由認識到所有權力鬥爭都是一枚引信，目的是協助我們憶起舊傷及苦痛，加以療癒，然後就能整合自認為過去曾讓自己受傷的自我碎片。療癒權力鬥爭，其實便是在療癒一顆從前破碎的心。

THINK · FEEL · DO

　　今天，在這場權力鬥爭當中，允許自己感受所有的負面感受，它們都是過往的感受。全力感受，直到感受散去，直到你與伴侶之間再無隔閡。全力感受，直到你能夠全心擁抱另一半，瞭解到對方總是將你的心靈碎片一片片地歸還於你。

Feeling my feelings, the most basic form of healing.

70 處

　　每個人都會有心情不好的時候，當我們感受到沒有力量、沒有愛、心情不好的時候，其實就是一個療癒的機會。有意願地感受我們的感覺，直到它們煙消雲散，就像熱鍋上的水珠一般蒸發於無形。

THINK・FEEL・DO

　　今天，竭盡所能地感受你的感覺，全心經歷它們，甚至誇張放大，直到終於穿越過那些感覺為止。你可能會發現一層又一層的負面感受，可能是死寂一片或想要尋死的感覺，或是感到麻木與空虛。無論是什麼感受，把它們燃燒掉就好，心中明白那些都不是真相。不要害怕感受自己的感覺！感受你的感覺是最根本的療癒之道。

　　隨著你與自己的感覺重新連結，你將瞭解到如何成為一位真實的伴侶。感受你的感覺，而非透過分裂或是歇斯底里，這才是創造野伴關係的直接法門。你從這樣的過程中學習如何打開自己去接受，也學習到承諾。感受自己的感覺，這是你能給自己和身邊人的最好的禮物。

觀照我的感覺　是最根本的療癒之道

為了解決關係中的問題

我寬恕我的母親

71 龜

母親是最好的代罪羔羊，所有我們沒得到的事物都能怪到母親頭上。事實上，從某種程度而言，現在關係中的所有負面問題，都是我們在責怪母親沒有給予我們認為她所應該給我們的。若我們願意寬恕母親，就代表我們願意讓此時此刻的關係變得更好。

THINK · FEEL · DO

今天，檢視你關係中的問題，你甚至可以把它們寫下來，然後在每個問題旁邊寫下此問句的答案：「這代表我哪裡沒有寬恕自己的母親？」最後一欄，在每項對母親發出的怨懟旁邊，分別寫下此問句的答案：「我會拿這件事對付自己嗎？我會因此在關係中畏縮不前嗎？」若答案是「不會」，你就自由了，你的母親自由了，而你的關係也自由了。

Every expectation is a fear of the future.

72 處

期望和強求源自於一種不足感，在某個隱藏的層次中，這其實是對未來有所防備的表現。我們匆匆忙忙地帶著期望闖進未來，但又沒有能力領受，儘管我們多有強求，卻無法享受。另一種狀況是，我們乾脆放棄向前移動，因為沒有東西能達到我們的期望。

無論是匆忙闖進未來還是裹足不前，這兩種行為都是不願踏出下一步的防衛機制，因此都阻礙了我們。即便是一頭闖進未來，我們還是有一隻腳釘在地板上，因此只能原地打轉，但至少我們知道自己要去哪裡。每種期望都是對未來的恐懼。

THINK · FEEL · DO

今天，選擇將你的未來放到神的手中。這一天中，對自己重複這句宣言：「我將未來交託予神的手中。」將今天遇到的所有問題都交託給神，你知道自己是受到眷顧的，而且一切都向對你最好的方向移動。真的，千真萬確！

期望是對未來的恐懼

Feeling rejected may be a defense against feeling guilty.

73 篇

拒絕的目的之一是掩蓋罪疚，它可能是對自己行為所產生的罪疚感，或過去某些事件所造成的罪疚感。舉例來說，人會產生某種拒絕或分裂的感受，藉以逃避持續出現的罪疚感和歉疚感，多半是因為孩提時期被異性長輩或平輩所吸引，但又害怕遭到拒絕，而產生的渴望親近卻又不敢的心態。

THINK · FEEL · DO

今天，瞭解到所有被拒絕的感受都只是一種防衛或掩飾，遮蔽了其下的無價值感，然後，知道這些感受下面又埋藏了罪疚感。

這種罪疚感是源自於過去、現在，或兩者皆是？如果細究你的罪疚感源頭，那可以能與誰有關？你在過去或現在與那個人之間發生了何事，從而製造出現在對你處處掣肘的罪疚感？現在，將你的罪疚感交到神手中。既然神將你視為純真無罪之人，你若仍堅稱自己為罪人，便是太驕矜自傲了。而且，你會利用自己的罪疚感當藉口，不願向前移動或邁出下一步。今天是自我寬恕的日子，允許自己從罪疚感與拒絕之中解脫。

感覺遭到拒絕

可能是對罪疚感的防衛

The extent of my independence is to the extent I deny my dependence.

74 處

獨立是依賴的下一個成長階段。通常有兩種原因會使我們獨立。第一種是我們過去心碎得太嚴重或忌妒心太強烈，那般痛苦讓我們再也無法容許自己依賴下去，於是決定獨立，不再允許自己處於可能遭到拒絕的位置。第二種是我們過去處處為他人犧牲，最後筋疲力盡、無以為繼，於是決定獨立，不再允許自己受人操控。

我們獨立的程度，也是我們與自己的感受解離的程度。換而言之，我們有多麼獨立，就代表我們在依賴階段留下了多少未竟的功課，那時我們尚未完成就逃之夭夭了。藉由觀察我們如何疏遠需索無度的人，我們能看出自己有多麼獨立。我們有多麼厭惡那些人，就代表我們有多麼排斥自己需索無度的部分。我們選擇獨立，藉以隔絕這些感受，好不必再因為自己的需索無度而受到傷害。

THINK · FEEL · DO

今天，檢視一下自己獨立的程度。你的獨立吸引許多不獨立的人，因為他們為你映射出這部分心靈。親近這些人，不要從犧牲的角度出發，而是慷慨地給予他們，也慷慨給予在他們身上映射出來的那部分的自己。藉由給予他們，你也在幫助自己重溫舊有的感受；藉由幫助他們走出依賴，你也幫助自己清理了未竟的需求。

我獨立的程度
即是我否定自己依賴的程度

獨立的最後階段 死亡區

75 龜

　　在當前的文化下，我們一直被教導說成長的最終階段就是獨立，但其實獨立只是中間的一個過渡階段，真正的目標是真實的夥伴關係，亦即交互依靠的關係。若想達到交互依靠的關係，我們必須願意對生命採取一套完全不同的遊戲規則，因為獨立時可以成功運行的做法，在交互依靠中卻會阻礙我們前進。獨立是我們一直以來渴望抵達的最終階段，我個人則充滿感情地稱之為「死亡區」。在死亡區裡，我們做事是出於義務，而不是出於選擇。

　　作為獨立的人，我們成為生命中的叛逆分子，不允許自己受到俘虜或羈絆。然而，我們越是叛逆，內在那個軟弱、脆弱的犧牲者就隱藏得越深。在死亡區中，我們感到筋疲力盡、疲憊不堪，因為在獨立的所有階段裡我們都無法領受，因此無法消除疲勞，重新出發。

　　獨立的狀態代表我們的陰柔面尚未被完全療癒，而陰柔面又是人的領受面，它讓我們得到滋養及繼續前進的燃料。當我們開始重視自己的陰柔面，它便能與我們的陽剛面取得平衡，夥伴關係也由此展開。死亡

區的感覺是停滯不前——在重複的模式當中動彈不得。無論我們在別人眼中如何成功卓越，都還是會覺得自己一事無成，甚至感覺到死亡的誘惑，因為我們實在太太太累了。在死亡區裡，獨立的關鍵特性——競爭——被隱藏了起來。在獨立的最終階段，我們已善於競爭到了爐火純青的地步，根本不屑再與他人爭奪高下，畢竟我們已是最厲害的，何必還要競爭？競爭還是會要我們工作，推動我們向前，但卻不讓我們領受成果。

THINK · FEEL · DO

今天，選擇放下獨立，並發表宣言：「終於，雖然我對於未來一無所知，但我仍然願意前往更高的階段。」你可以向宇宙或神發出請求：「請教導我。」這樣的意願將允許你得到教導，並帶來讓你學習真實交互依靠的關係。

There is no pain my love could not heal.

我
的
愛
能
療
癒
所
有
苦
痛

76處

　　我們的愛擁有結合、支援和療癒世界的力量。所有的問題都來自於某種程度的分裂，但我們的愛能搭建起橋梁，讓我們與對方結合。我們的愛背後是宇宙的力量和奇蹟的大能，因此可以填補那份空虛。如果將愛給予每個人，我們周遭的世界也將隨之得到療癒。

THINK · FEEL · DO

　　今天，你能讓世界有所不同。有人特別在召喚你的協助，那會是誰呢？你不需要在他們身邊或直接和他們說話，只要觀想他們就在你面前，並對他們澆灌你的愛。讓你的愛包圍他們，充滿了他們的身體。看到他們變得快樂、得到療癒、變得完整。即便你沒有吐露愛的話語，宇宙之愛也將透過你，將愛澆灌至那需要愛的友人身上。

When things get worse, they may be getting better.

77 處

學習不帶評斷地生活是很重要的，因為評斷限制了我們對真理的體驗。很多時候，當療癒開啟之際，情況會變得更令人痛苦或更加混亂，但真正的療癒已然啟動，那是誕生的過程。當嬰孩呱呱墜地時，可能會有尖叫和痛苦，甚至是一團混亂，但一個嶄新的生命已然降臨地球。

當我們誠心地主動與伴侶結合，結果卻引爆一場爭端，我們可能會覺得自己失敗了，然後就決定再也不要嘗試。然而，這場爆發通常都恰好表示表面的一層已獲得療癒，下一層遭到壓抑的問題才會顯露，過去被藏在底下的事物如今擺在陽光下。正因為我們成功地與伴侶結合了，更深層的痛苦才能浮出水面。發生這種情形時，請再次靠向伴侶，並與他們結合，如此出來的問題將能輕易獲得療癒。在這樣的情況下，我們無須評斷結果，只要覺察到既然已經成功攻下一座山頭，遲早會再度抵達下一個衝突的深谷──也就是我們和伴侶要療癒的下一件事物。當下一場療癒也完成時，我們將攀上另一座山頂，就這樣持續成長進化下去。

THINK · FEEL · DO

今天，改變你對痛苦的態度。細細檢視每一項你正在經歷的痛苦，因為在痛苦的正中心可能藏著一場新生和療癒的力量，為你、你的另一半和你們的關係創造新的生命。帶著你認識到的痛苦，有意願地和某個親近的人結合，這將會化解痛苦，或至少解除一層痛苦。若你沒有更好或更壞的感覺，你可能已經踏入了多層次的長期問題之中，這時候你可能僅僅體驗到一兩秒的喘息，然後就馬上撞進下一層裡，但覺知將讓你知道自己正朝著正確的方向前進。

其實可能正在好轉

當情況變糟糕時

終極目標是全然依靠宇宙

78處

　　成長初期的幾個階段是依靠、獨立和交互依靠，但更高級的層次是靈性依賴——依靠宇宙、仰賴神性。這是一種意識，我們知道即將會有好事發生，而我們願意敞開領受，自然會帶來許多受到祝福的事件。如同天空中的鳥群和田野間的百合，我們都是神的孩子，都會得到支援、愛和照料。

　　這種靈性依賴的想法讓我們又驚又恐，我們從小學會要掌控和獨立，現在在往前移動的過程中，卻被要求放下控制，學習更大的信任功課，學習將自己交託給神性。

THINK · FEEL · DO

　　今天，每當你注意到自己試著做某件事時，讓那件事透過你或經由別人替你完成，而不是由你完成。每當你發現自己努力擺脫困境時，別再擋自己的路，相信那個困境將為你迎刃而解。現在是學習「在」，而不是「做」的時候。好好信任且敞開自己。允許你自己像嬰孩一樣，在神的看顧之下，各方面都享受完全的愛和照料。

When I feel myself contract, I reach out and give.

79 處

當我們感到彆扭、困窘、羞愧、受辱、罪疚、恐懼或受傷時,就會退縮。最簡單的療癒方式就是靠近人並付出。這是展現領袖力和愛的行動,愛永遠不會允許我們困在自己的問題裡,因為對他人的愛是更強烈的召喚,超越了我們自己的內縮傾向。

THINK · FEEL · DO

當你感覺受傷或處於任何形式的困境中時,要瞭解可能還有人正蒙受著更大的痛苦。問問自己那會是誰,看看誰會出現在你的腦海中,感覺你向他們伸出援手。隨著你的主動給予,你會再度發現自己進入順流,讓這個人和你都得到了療癒。

當我感覺退縮時 反而更要靠近人並付出

A problem occurs in my relationship when I am afraid to take the next step.

80 處

　　許多時候，問題的發生只是為了轉移注意力，讓你無法邁出下一步。我曾見證過，當人願意邁出下一步時，許多重要的問題都會自行解決。問題浮現之後，答案也會隨之顯現。帶有意願地信任這個過程並向前移動，我們就能知曉答案。一旦我們邁出下一步，所有問題將完全消融於無形，或成為一件可以處理的事情，而不再是令人頭疼的問題。

THINK · FEEL · DO

　　今天，挑選你生命中三個最精采的問題。在早上花五分鐘審視第一個問題，並說：「我不會受這個問題愚弄，我知道這只是恐懼的產物，我可以透過邁出下一步穿越這個恐懼。我對生命中的下一步說『我願意』，我信任下一步將自然到來，我知道那會比現在更好。我不會受困於這個問題之中。這個問題不是真理。」

　　下午的時候，花五分鐘，針對第二個問題，進行同樣的流程。晚上針對第三個問題重複一遍。成果會令你非常滿意！

當我害怕踏出下一步時

關係中就會出現問題

My expectations compensate for hidden needs.

81 毫

我們的期望來自於強求，強求又來自於需求，因此期望可說是對需求的一種防衛，以表現出我們好像不依賴的樣子。我們假裝自己可以獨立行事，並強求事態要按照我們內心的藍圖發展，但所有的防衛（包含期望）都會導致失敗，並且恰好帶來它試圖防衛的事物。期望最終會導致挫折或失望，那時我們就會經歷自己的需求和需索無度。

■ THINK · FEEL · DO ■

今天，練習拋下你的強求，真誠地溝通你的需求，通常，光是明白地把需求說出來就能得到滿足。你的強求暗示了你的需求所在。通常，所有的需求都掩蓋了舊有的悲傷、遭到遺棄和缺乏連接的經驗，進行溝通和表達就是重新聯繫的契機。即使溝通本身無法滿足需求，那仍然讓你有信心敞開地面對需求，而不需要控制他人。

我的期望 是對隱藏需求的補償

82 處

關係中的痛苦與衝突

來自於規矩被打破

我們在關係中所經歷的痛苦或衝突，來自於感覺另一半打破了我們所立下的規矩。然而，伴侶有時候無意或故意打破那些規矩，其實是為了我們的療癒和福祉。我們可能沒告訴伴侶這些規矩，但卻自認為若伴侶真心愛我們，就應該知道這些規矩。我們立規矩的目的是保護自己不再受傷害。但正如同我們所知，規矩的存在就是要被打破的，如同痛苦就是要被療癒一樣。若另一半沒有打破規矩、觸發我們的痛苦，我們大概永遠不會去面對它。

這些痛苦必須被引發出來，我們才能療癒和成長，並且達到更高層次的夥伴關係。不需要責備伴侶不愛我們，反而應該感激他們，如果我們訂下的規矩確實有效，就不會到現在還依然經驗到痛苦或衝突。藉由放下那些規矩並感受被掩埋的痛苦，我們便不再需要利用規矩來自我保護了。

THINK · FEEL · DO

今天，寫下所有你制定的關係規矩，關於你應該得到怎樣的待遇、關於性生活的種種和關於愛的規矩。這大概是你生命中最惹人發笑的一天，你將會看到自己有很多規矩都自相矛盾。今天結束之前，和伴侶分享這些規矩，說不定他們也會樂在其中，然後把這些寫有規矩的紙都燒掉。在燒掉的同時，放下它們。

現在，該是替你的關係選擇原則的時候了。原則創造出對話，而且彈性十足，可供調整。原則不像規矩一樣該被打破，原則是能夠維繫生命的目標。

In any conflict, both people are feeling the same thing.

83 處

所有的衝突當中，人們會有截然不同的表現，但在表面行為之下，他們的感受卻是相同的。例如，一個人可能揮霍無度，另一個人則是小氣吝嗇，而兩人的感覺都是匱乏，害怕不夠。揮霍無度的人用大肆花費來補償這份感覺，藉以擺脫恐懼；小氣吝嗇的人則錙銖必較，藉以保護自己不受匱乏感所侵害。在所有權力鬥爭之中，雙方都試圖保護自己，不想碰觸同樣的某種感覺。

若我們能認識自己的感受，就能瞭解伴侶行為背後的感受。有意願地開始溝通這些感受，將能創造共識，找到共通點。這即是療癒的起點，因為我們一旦找到共同連結之處，就能漸漸向彼此移動。

THINK · FEEL · DO

今天，選擇一位與你產生衝突的人，自問：「我的行為背後有什麼感受？」然後檢視對方，看看他們是否也有同樣的感受。很自然，若你已找到最根本、最核心的感受，你將發現對方的感受並無二致。若你覺得憤怒，要瞭解到憤怒只是一種防衛，其下躲藏了一層更深的感受。無論更深層的感受為何，有意願地啟動溝通，帶著想要繼續向前移動的意圖，好好和對方分享你的感受。例如，可以這樣開啟對話：「我有這樣的感受，你是否也有相同的感受呢？」

所有衝突當中

雙方的感覺是相同的

When my fear or resistance is too strong for me to move toward my partner, I ask for heaven's help.

84處

我們都知道向伴侶靠近是所有問題的解答，但有時候我們實在是深陷於痛苦之中，太過疲憊，或太過抗拒，因此覺得自己完全無法跨出任何一步。

這時就必須請求老天的幫助了，請求他賦予我們新的力量向伴侶邁出一步。許多時候，這樣的力量會帶領我們徑直走進伴侶的內心。有時候，抗拒或痛苦實在太強烈，我們舉步維艱，因此每一步都需要請求老天的協助。當這種情形發生時，表示我們正在療癒內在的一個長期模式，那是一層深刻的痛苦。帶有意願地請求幫助，如此便能讓恩典引領我們向前，重啟我們的活力。

THINK · FEEL · DO

今天，遇到任何困難阻礙，以致於你無法靠近任何人時，請求上蒼的幫助。允許自己接受恩典的協助，讓你能夠靠近那些人，直到你再度感覺到彼此之間的親密和共同的目標。

當我的恐懼或抗拒過於強烈

讓我無法向伴侶靠近時 我請求老天的幫助

Every hero needs a villain or someone to save.

85 毫

當我們在關係中表現出英雄角色時，我們需要找到機會展現自己的了不起，需要找到拯救世界的方法。每個英雄都需要反派或是需要拯救的對象來襯托，這表示我們的伴侶必須扮演反派角色或總是需要被拯救。英雄並非討喜的選擇，作為佔據中央舞台的明星，英雄總是會醞釀出一種微妙的競爭感，讓我們的伴侶只能扮演配角。他們看起來不能太風光，好讓我們可以出風頭。

每種角色都是在補償我們不夠好的感受。因此，扮演英雄角色的用意是遮掩我們覺得自己不好的感受。從另一方面來說，扮演反派或需要被拯救的角色，也同樣來自不好的感受。如果我們覺得很糟卻又加以否認，就會開始扮演不同的角色。不管是扮演什麼角色，我們都無法領受，因為所有的獎勵都屬於那個角色。若我們能學著與自己的感受相處，就沒有人需要扮演配角了。

帶有意願地向伴侶承諾，他們也是當家明星，讓我們都能向前移動。帶有意願地拋下我們的角色（無論是哪種角色），重新與自己的感受連結，將帶給我們更強的領受力。這也讓我們能夠和伴侶肩並肩前行，使我們成為真正的英雄，而不只是一個英雄角色。

THINK · FEEL · DO

今天，開始檢視你所穿的英雄戲服底下究竟是什麼。無論是英雄、反派，還是需索無度的角色，背後都隱藏了糟糕難受的感覺。你感到自己有多糟糕，你的伴侶也會感到自己同樣糟糕。你可能打從孩提時代便陷入了這樣的角色中，幻想自己拯救世界、濟弱扶傾或打擊壞蛋來滿足自己。帶有意願地討論你的角色掩飾了哪些感受，好讓你和另一半得以攜手共同向前邁進。

I cannot be a victim unless I am trying to get revenge.

86亳

歡迎來到人類的世界。我們所有人都曾經當過受害者。現在當我們的意識提升至更高層次時，我們試著獨立，好讓自己不再淪為受害者，不過這樣的做法並不總是管用。放棄作為受害者最屬真的方式，就是放下我們想報復的需求。

所有的受害者情節當中，都隱藏著想報復的意圖。我們處於權力鬥爭之中，認為報復某人最好的方式就是自我傷害。還是孩子的時候，當我們無法得償所願時，我們可能會大發雷霆並傷害自己。我們覺得被拒絕，因此要做些什麼進行報復。「爸、媽，你們會後悔的，我再也不吃東西了。」「爸、媽，你們會後悔的，我不要呼吸了。」「我永遠不回來了，到時候你們就知道後悔了。」我們十幾歲初次戀愛時，有時候會想：「我要飆車，飆得超快，撞牆而死，讓他後悔莫及，然後他就會知道我對他有多重要了。」但就算他知道，一切都為時太晚。基本上，這種態度存在於所有受害者情節之中，無論是生病、受傷還是一敗塗地，我們其實都是在報復某人。

THINK · FEEL · DO

今天，靜靜地坐著，然後讓目前仍在上演的受害者情節浮現在腦海中，可能是生病、失落、心碎或意外。問自己：「我這是在報復誰？」然後讓另外一段受害者情節浮現，再問自己相同的問題。報復確實是一把雙刃劍，而答案不只關係到你自己。報復躲藏在長期的受害者情節當中，但你只是在利用某人讓自己不往前行而已。帶有意願地發現報復只是一種逃避，是在傷害你自己且意圖情緒上恐嚇其他人，因為你不想踏出下一步，但這樣是行不通的。即使你在權力鬥爭當中獲勝，作為一個受害者，你可能要做到犧牲性命的地步才能讓別人瞭解你的想法。

若我沒有試圖報復

我不可能會是受害者

Every step I take toward my partner is a step in personal power.

87

每次，我們朝伴侶踏出一步，就重新加強了自己的個人力量。如果我們的伴侶有所需要，而我們朝他們靠近，那是出於我們自身的完滿。若那對我們來說太困難，我們可以請求老天的幫助，讓我們朝他們靠近。邁向伴侶的每一步都賦予我們更多力量。即使是在我們處於痛苦中而伴侶沒事的情況，若我們朝他們靠近，雙方都能感到自己變得更為強壯，並開始穿越自己的痛苦。

THINK · FEEL · DO

今天，有意識地給予自己更多力量，做法是持續朝著你的伴侶靠近。

我朝伴侶邁出的每一步都加強了我的個人力量

88 _毫

所有人的行為

都映射出我的選擇

　　成熟的一大里程碑就是認識到他人的行為映射出我們的選擇。那也是瞭解我們心靈力量及下意識特性的一大步。當人們認識到這一點，他們有時候就不禁會為已經發生的事而感到罪疚，但這種想法是錯誤的，因為每個人都是純真無罪的。基本上，每個人都已經就內在及外在的處境盡了全力，然而我們都還有進步的空間。每個人都互相做出這些決定，以某種形式相信這些決定會替自己帶來快樂。有時候我們的抉擇是個錯誤，但不需要為此感到罪疚，那只是小我製造出來的陷阱，讓我們失去力量。事實上，錯誤提供了一個機會，讓我們可以連結、修正錯誤並和對方結合。

　　每個牽涉其中的人都做出了選擇，百分之百的選擇。如果其中有一方不同意，那就會改變雙方的共識，那樣的情形也就不會發生。我們可以選擇將那個人視作我們心靈的映射，並選擇加以協助，這樣會同時賦予他們和我們力量。

　　這意味著，在關係當中，我們不僅要負責自己的行為和感受，同時也要為自己的想法負責──那些我們在心中做出的選擇。我們的想法創造

出關係中的情境，然而，大部分時候，我們根本沒有意識到自己的想法。開車行駛三公里的路程，我們腦海中平均會閃過兩千個念頭，其中多少是有意識的？隨著我們覺察到自己的想法，我們將更有力量，能夠做出更好的選擇。我們的關係是自己選擇下的產物，不過我們並沒有意識到所有的選擇。

THINK · FEEL · DO

今天，試著接觸你在關係中所做出的選擇。問自己：「我讓伴侶出現這種行為的目的是什麼？那樣就讓我可以怎麼樣？我就不需要做什麼？發生這種情形，是我在報復誰嗎？這又替我還了怎樣的舊債？」放下所有浮上腦海的罪疚感，然後有意識地選擇你所要的事物。這一整天請重複這樣的宣言：「我選擇 _____ 。（填入任何你想在關係中獲得的）」誠心誠意地如此敘述，將給予你力量去改變下意識和無意識心靈。選擇的過程之中，一些阻礙你得償所願的感受和信念都可能會跳出來，無論面對怎樣的感覺，帶有意願地再次做出選擇。選擇你所要的，不要退而求其次。

My complaints are a direct attack on myself.

抱
怨
是
直
接
的
自
我
攻
擊

89 亳

　　每次我們抱怨的時候，就是在說自己沒辦法改變情況，這當然是非常愚蠢的說法，因為我們其實擁有很大的力量。當我們抱怨的時候，就是在讓自己顯得渺小。我們一直被召喚做某事，但因為不敢冒某些風險，結果遲遲未做。怨天尤人讓我們自己變成了問題的一部分。我們說：「這個問題千真萬確，讓我束手無策，我拿它根本沒辦法。」事實正好相反！

THINK · FEEL · DO

　　今天，看看你可以在哪些地方發生改變。逮住自己的每個抱怨，然後停止埋怨，往前踏出一步靠近某人、寬恕某人，或採取行動讓事情變得更好。不要只是注意自己的抱怨之辭，也要注意自己心裡的抱怨。如同詩人康明斯（E. E. Cummings）所說：「我寧可教一隻小鳥如何唱歌，也不要教一萬顆星星不要跳舞。」

Any judgement against others is a judgement against myself.

90 亮

　　若非自己也對某事感到罪疚，我們不會輕易評斷他人。我們會在看到一個錯誤產生時，協助對之加以修正。當我們對一個錯誤或所壓抑的類似狀況感到罪疚時，那份罪疚感就會以對他人評斷的形式呈現。這會讓我們深陷在自己的罪疚感和所評斷的人、事、物中，但如果我們能夠寬恕，就不需要在下意識中尋找所有隱藏的罪疚感了。寬恕不僅釋放了伴侶或我們所評斷的人，更能重建他們的純真無罪，也能重建我們的純真無罪。我們或他們的所作所為並非罪惡，只是錯誤。

　　錯誤可以被修正，但罪惡幾乎無法矯正。我們執著於罪惡，在心裡一遍又一遍地加以溫習，直到最後將自己的罪疚感掩埋起來，並將之投射到其他人身上。當然，這種情形是會妨礙我們成長的。

THINK · FEEL · DO

　　今天，檢視一下你評斷最多的人。想像一下，你對他們的評斷其實也適用於你自身。持續地感受那份感覺，直到你開始感覺到：「沒錯，這是被我藏起來的罪疚感，但我並非如此。我不要用這個感覺抵制對方，因為我也不想用它來抵制自己。」接觸這份隱藏的感受並燃燒它，或單純地不再用它對付對方，如此一來，你就獲得了自由，整個情況也能向前移動。

所有對他人的評斷
都是對我自己的評斷

秋

梧桐葉落，金桂飄香。

一面是，蕭蕭的黃葉隨風而逝；
一面是，豐收的喜悅撲面而來。
我們共遊於愛的原野，
品味生命的枯寂與豐饒。

To the extent I am indulgent is to the extent I am in sacrifice.

91 秋

我放縱的程度　就是我落入犧牲的程度

　　放縱的時候，我們其實是在彌補自己所做的犧牲。若我們只是真心地付出，就能夠真正地領受，而無須放縱於食物、工作、性愛、酒精、藥物等事物中，而這些事物往往和犧牲一樣使人疲憊。放縱和犧牲的惡性循環便如斯展開：我們放縱自己，然後為此而有罪疚感，接著便自我犧牲以彌補罪疚；等到我們在犧牲中筋疲力盡之後，惡性循環再度啟動，我們開始覺得自我放縱、隨心所欲也沒關係，對那些我們覺得為之犧牲的對象，心中多少帶有叛逆或怨恨的感受。

THINK · FEEL · DO

　　今天，檢視自己在哪些地方會放縱或有癮頭。你是工作狂嗎？還是離不開食物？清楚地檢視自己生命的中心缺失了哪些領域。在生命中心中，那些你沒有忠於自己的地方，就是你的犧牲之處。回到你生命的中心，擺脫放縱和犧牲。

　　如果你想像自己有一個內在的中心，以百分比來衡量，你偏離了中心多少？（通常，百分之三十到百分之八十為高度犧牲，而百分之八十到百分之一百則為自我毀滅的放縱與犧牲迴圈。）當時，是怎樣的經驗讓你離開了自己的中心？試著回到那個時候，讓自己選擇再度回到自己的中心。處在中心的時候，你就能給予周遭的人他們真正需要的禮物。這份禮物是真正的你的一部分。

Anger is blaming others for what I think I did.

92 秋

　　所有的憤怒都有失誠信。然而，如果我們感到憤怒，並且認識到自己正在經驗什麼，那我們仍算保有誠信。我們瞭解自己的憤怒之後，重要的是不要利用自己的憤怒來控制情況。一旦我們能溝通自己的怒氣，就能穿越它。

　　為人父母，當我們為了小孩的某個行為而憤怒時，其實我們是因為自己的某些信念而憤怒，或是我們恐懼那個小孩長大之後會如何，那份恐懼也同樣來自我們對自己的信念。藉由改變信念並療癒恐懼，家長便擁有更多彈性和創造力，當然對待小孩的方式也能更有創意和回應力。

　　我們的憤怒意圖將我們對自己的感受投射到他人身上，假裝使我們憤怒的特質和自己一點兒關係也沒有。我們當然是純真無罪的。事實上，我們只是將對自己的憤怒投射到他人身上而已，是我們的恐懼和罪疚感催化了我們的憤怒和攻擊。

THINK · FEEL · DO

　　今天，選擇去看到所有憤怒都掩蓋著不好的感覺。帶有意願地認識到，別人只是幫我們呈現出自己覺得很糟的地方。當認識到這一點，便可開啟溝通，通往更高一層的誠信。請認識到，若對方的行為並非出於愛，他們便是在呼求愛，若我們願意不加評斷，提供支持，就能轉化整個情境。成功的關係建築在溝通之上，而非以憤怒掌控全場。

All anger comes from lack of trust and past hurts.

93 秋

從某種程度上而言，我們所有的憤怒都與過去相關。過去我們感到受傷的地方，也是現在我們感到受傷的地方；由於想像現在和過去情況相同，我們因而感到憤怒。

若我們能將信任帶至內在更深的傷口，這種情況下的恐懼和痛苦就會以療癒的方式慢慢展開。由此，與憤怒相比，痛苦成了溝通的媒介，能夠為事件帶來更大的回報。不管對什麼事件，我們越是憤怒，反而越強化它，自己也會被卡得越緊。憤怒可能會讓我們贏得一場爭鬥，但卻會讓我們輸了整場戰役。若我們握有掌控權並且贏得爭鬥，另一半的失敗卻將使他們失去對我們的吸引力。

THINK · FEEL · DO

今天，運用信任讓自己瞭解這次情況和以往不同。儘管看起來你可能會受傷，但這是個面對舊有感受和長期模式的機會，讓你可以帶著新層次的自信向前邁進，並瞭解事情將有最好的結果。

所有憤怒都來自於

缺乏信任和碰觸舊傷

Anger is always an attempt to control through guilt.

94 秋

愤怒，即激進，有時候甚至是暴力，總是有一種想控制的意圖。憤怒是意圖讓情況對自己有利，同時讓對方感到罪疚。因此，憤怒總是一種威脅，它説：「看看你對我做的好事！你應該做得更好。我會這樣都是你害的。你要做得更好，把我照顧得更好。」

憤怒是一種控制，透過它，我們贏得了鬥爭，卻輸掉了戰役；我們種下越來越多罪疚感，也收穫越多怨恨。我們因為可以長期透過自己的憤怒或他人的罪疚來控制人，但是他們總有一天會爆發，我們最終會失去他們。

THINK · FEEL · DO

今天，冒一點風險將會帶你向前移動。若你正在利用自己的憤怒作為隱藏恐懼的工具，請不要再透過隨時隨地爆發來達成目的，而是開始談談你的感受，談談你的恐懼，好讓你能夠邁向更高程度的自信和更深刻的滿足感。分享第一層的憤怒，接著立即分享其下的感受，然後是再深一層的感受，直到你感到完完全全的平安。有時候，你可能會接觸到這種情況或感受的起點，將它分享出來，並分享其對你的影響，這麼做將為你帶來療癒性的安慰。

來達到控制的目的
憤怒總是意圖用罪疚感

Anger is a way of controlling to get my needs met.

95 秋

憤怒是一種控制　好達到我的需求

　　我們憤怒，通常是因為事情沒有如我們的意。我們利用憤怒來強求事態按照己意進行，好證明自己是對的，或確保自己的需求先得到滿足。憤怒形成一種模式，將我們鎖進自己的需索無度當中。當我們使用憤怒時，相信對方也會以牙還牙，這造成了恐懼——也是造成需求會出現的原因之一。　我們因此掉進「需求——憤怒——恐懼——需求」的惡性循環中，久而久之形成習慣。

　　通常，僅僅勇於承擔風險、展開溝通、將需求表達出來，就有助於讓需求獲得滿足，藉此發展出更成熟的心態。更重要的是，無論某項需求是否獲得滿足，我們都已向前邁進並變得更有力量。

　　當我們對自己誠實時，就會瞭解憤怒並沒有用，那些可能會滿足我們需求的人，反而會因為憤怒而遠離。與其透過憤怒來控制，不如我們說出自己的感受，並且向另一半移動，與其結合。

THINK · FEEL · DO

　　今天，找出最讓你感到憤怒的那個人。想像他旁邊是你最愛的那個人——這兩個人也可能是同一個人。看著你最愛的人，看透他們的身體、人格以及所犯的錯誤，也看到他們內在閃閃發亮的光芒。想像你的光芒和他們的光芒彼此結合，靜靜地在那份平安之中歇息一會兒。現在，轉而看向那位令你憤怒不已的人，看透他們的身體、人格以及所犯的錯誤，也看到他們內在閃閃發亮的光芒。現在，保持與你愛的人的結合，感受你們結合的光芒慢慢向另外那個人的光芒移動。當所有光芒都彼此結合時，感覺自己在這份更深層的平安中歇息。

Anger hides grace.

96 秋

　　如果我們願意注意，有時候當我們為了雞毛蒜皮的小事而對伴侶發飆時，正好是他們想要對我們盡情揮灑愛意的時候。經常，我們喋喋不休地訴說自己的困擾，選擇了憤怒之時，沒意識到自己錯過了感到愉悅的機會。如果我們將覺察放在自己身上，就能看到自己的確可以選擇發怒或是領受對方的愛。

　　憤怒來自於評斷。如果我們去覺察自己的憤怒，就會知道其實我們可以選擇。憤怒的自然生理反應大約會持續四分半鐘，超過四分半鐘，就是我們自己停靠在那裡並選擇去感受的時候了。憤怒的評斷遮蔽了感受恩典和奇蹟的機會。如果我們能夠保有覺知並擁有意願，而不是妄自評斷，我們就能利用機會為對方提供支持和愛，進而感受喜悅。我們讓自己成為恩典的管道，每當我們提供恩典，自然就會收進恩典，好讓我們能繼續奉獻恩典。我們選擇恩典而不是怨懟，就能成為轉化和療癒憤怒的特使——天堂的特使。

THINK · FEEL · DO

　　今天，花點兒時間去注意，在你的評斷之中，你在哪些地方要麼退縮，要麼變得富有攻擊性？請選擇愛和恩典。回顧你生命中退縮或攻擊的重要時刻，用你的心靈之眼，重新選擇恩典。透過提供恩典，情況終將獲得轉化。

憤怒隱藏了恩典

Commitment opens me to receiving.

97 秋

承諾讓我能敞開去領受

　　承諾是我們選擇盡己所能地完全付出自己。付出和領受互為表裡，我們越決心承諾，就越能對某事付出，自然就能從中領受越多。我們越對另一半付出，就越能感受到他們的美麗、天賦，以及他們有多麼棒。向伴侶付出讓我們能擁有愛的眼睛，看到他們是多麼美妙。決定他們好壞的是我們的承諾、付出和愛。

　　某種情況對我們來說有多重要，取決於我們付出了多少、承諾了多少。我們在關係中能收進多少，和我們承諾的程度直接相關。只要我們突破自己、超越過去以為的自己，就能提升至一種轉化的意識狀態。透過慷慨付出，我們便能敞開接收喜悅和至樂的偉大禮物。我們的承諾和付出越多，能夠領受進來的也就越多。

THINK · FEEL · DO

　　今天，檢視你希望在哪裡可以領受更多。探索你如何能夠更完全地給出自己，並選擇這麼做。但記住，犧牲可不算在內，犧牲是承諾的贗品。承諾就是選擇付出，你給出的越多，就越能享受自己，享受這件事，你能領受的自然也就越多。

Commitment means being true to myself.

98 秋

當我們承諾時，我們才真正開始瞭解自己是誰。當我們承諾時，我們給出這麼多的自己，因此開始認識自己真實的本質，並瞭解對自己真正重要的是什麼。這種認知不是來自於有所保留或抱怨，而是付出，超越合約所載的內容──超出義務和他人期望的付出。承諾表示忠於我們自己，開始認識自我存在的豐富和深度。我們得以認識吸引事物輕易到來的這個自己，我們得以認識最佳的自己。

THINK · FEEL · DO

今天，回想一次你覺得百分之百付出自己的經驗，那時的你無所期望，你超越了自己。回到那時的場景，感受當時的感覺，聽聽人們對你說些什麼。事情看起來如何？沉浸在那個當下一陣子。現在把那份感受帶回現在的情境，你現會有哪些不同的做法？在這件事情上，你願意多付出多少的自己？如果全然付出，你自己所帶來的喜悅感受可以為你所有，同時，它會開啟恩典和隱藏的資源，帶來奇跡。

承諾表示忠於自己

No problem can withstand commitment.

承諾能夠克服所有問題

99秒

　　所有問題都指向一種衝突：我們內在不同的部分正在彼此爭執不下，想要滿足各自不同的需求。若能透過選擇和承諾將我們的所有部分進行結合，所有問題將攻無不克。

　　承諾就是百分之百地付出自己，沒有問題能抵禦得了百分之百的承諾。當一個問題慢慢浮現，而我們邁出下一步時，如果我們持續給出百分之百，並且持續踏出一步又一步，就會創造出某種流動。事情將變得輕而易舉，門自然會開，機會隨處可拾，幸運之神將向我們招手。若我們選擇付出百分之百的自己，沒有問題能夠抵禦這股力量。

THINK · FEEL · DO

　　今天，檢視你目前所面臨的主要問題。你捫心自問自己在這個情境中付出了多少？你又是在什麼時候將其餘的自己抽離了？是很久以前，還是不久之前？透過承諾，你有能力完全轉化這個經驗。完全地承諾，徹底地付出自己，將創造出人生的一種真知灼見——在此刻，活出積極的未來。選擇在這種情況下付出百分之百的自己，因為當你能做到如此，必將無往不利。

My pain can be a defense against my sexual energy.

100 秋

我們可能對自己的性能量感到羞窘，原因是對自己過去使用它的方式感到罪疚，或是純粹對於自己的性感感到尷尬。

我們覺得自己恐怕無法招架得住外界的注意力，或自己不知該如何拒絕。當然，如果每種異性動物，包括貓狗，甚至馬都跟著我們回家，場面一定會一團混亂。然而，感受我們自己的能量，就是經驗一種富足和療癒，性能量使我們再度年輕起來，同時也是送給伴侶的一份禮物。隨著人的意識向前推進，我們的性能量也會有所成長。若要邁進意識的更高層次，性能量的成長和進化是不可或缺的部分。所有的喜悅都包含這種充滿電力、令人興奮的能量。

THINK · FEEL · DO

今天，你可以輕易穿越痛苦，只要帶有意願地感受自己的性能量，而且透過給予它你的愛，性能量就能變得安全。

我的痛苦可能是對自己性能量的防衛

Heartbreak is an act of revenge.

心碎是報復的舉動

101秒

　　體驗到心碎代表我們在權力鬥爭中落敗，在這樣的情況下，我們常會使用一些情緒上的脅迫手段來反擊。心碎是情緒威脅的最佳方式之一，讓自己心碎是報復對方的方法，我們在對方門前血流如注，說：「這個人怎麼可能是個好人，看看他對我做的這些好事！我要像雕像一樣永遠站在他門前，昭示他有多麼爛！」心碎是一種報復的手段。

THINK · FEEL · DO

　　今天，承認你的心碎是權力鬥爭中的一種伎倆。報復是權力鬥爭僵化的表現，而我們的心碎只是其中一種僵化的形式。寬恕那個看似傷了你心的人，包括寬恕你自己。不要利用其他人阻礙你自己前進。

What is missing in my relationship is what I am not giving.

102 秋

當我們想要在關係中擁有更多，就表示是時候將自己想要的帶進關係中了。如果我們是那個看見關係中欠缺某些特質的人，那僅僅期望由另一半帶來改變是沒有用的，我們期待在關係中可以出現的那個部分，必須要通過我們自己才能被召喚出來。當在關係中看到某種短缺，光是抱怨沒有用，付出才會帶來改變，我們的功用和目的就是要補足我們所看到的缺憾。現在該停止抱怨，開始付出了。

在一個關係當中，雙方帶來不同的禮物。我們的喜悅是送出天賦禮物的最具創意之道，透過有創意的付出，我們將能敞開自己，並且樂在其中、有所成長。透過付出，我們將彼此的關係向前推進。

請記住，並非只要給出我們想要的東西的形式就好了，以性愛為例，除了性本身外，也要給出更多我們的性能量，讓性愛變得更有吸引力。有時候，當另一半不想要性愛時，這意味著我們可能在性欲上有所減退，如果能提升至更高層次的性能量，這將可以鼓舞我們的伴侶。

THINK・FEEL・DO

今天，探索一下在你目前的關係中最需要什麼。你希望關係中能有更多的什麼？羅曼蒂克？愛？富足？那你還等什麼呢？接下來一整週的時間，每天都以一種不同且具創意的方式給出你所想要的特質，特別是這些特質在能量上的感受。

正是我自己沒有付出的

我的關係中所缺少的

What I think I need is what I am called to give.

103 秋

　　療癒需要的最簡單方式，就是給出我們認為自己需要的。我們在關係中的需求恰好是我們被召喚要給出的。通常，我們對父母最大的抱怨是他們沒有滿足我們的需求，但事實上，我們需要從父母那邊得到的，正是我們生來要帶給他們的，而我們的需求在這其中便化解掉了。

　　等待他人來滿足我們的需求，是我們阻礙自己成長的最佳陰謀，它會讓我們停滯不前。只要我們願意去觀察，就會發現我們對關係的需求其實正顯現出我們最該給予的事物。向前邁出一步展現領袖力，將我們以為自己需要的事物給出去，這將創造全贏的局面。透過付出，我們同樣也領受了。

THINK · FEEL · DO

　　今天，看看你覺得自己需要什麼，自己擔起責任來，將之帶進關係當中。若工作上或家庭中需要什麼，選擇自己作為那個補足缺憾的人。在這方面成為領袖將讓你非常開心，因為你真的能夠利己利人。

我認為自己所需要的

正是我被召喚要付出的

Considering how hard it seems to be to change within myself, it is foolish to expect to change someone else.

104秋

只要看看自己過去的記錄，我們就會瞭解想要改變自己有多麼困難，就更不用説要改變別人，簡直是癡人説夢。即便我們成功改變了對方，我們仍是輸了，因為對方會失去對我們的吸引力。改變他人最簡單的方式就是改變自己。我們自己向前移動，將會令伴侶無法抑制地想與我們結合。

THINK・FEEL・DO

今天，帶有意願地改變自己。你生命中最希望改變的是哪一個人？這個人代表了你頑固又不願意改變的一面。請求上蒼助你一臂之力，向前踏一步，讓你給出這項能夠改變他的特質。自己向前邁一步，帶有意願地給出你想從他人那邊所獲得的。這關乎你的幸福，而決定權掌握在你手中。

改變自己都那麼困難

期望改變別人更是癡人説夢

Busyness traps me in what is valueless.

忙碌將我們羈絆於無價值感中

105秒

我們活在一個忙碌的時代。儘管科技發明為的是節省人的時間，但我們手上的事情卻有增無減——生意、興趣、參加的活動和出席的場合等。科技越發達，人就變得越忙碌。

很多時候，忙碌將占據本應屬於我們關係的位子，我們從這一件事奔波到下一件事，卻沒有花時間享受和另一半的相處，沒有時間領受和經驗他們的存在。在忙碌的生活中，我們可以花些時間去瞭解什麼才是對我們有價值的，什麼對我們來說是永恆不變的，而什麼只是曇花一現。

THINK · FEEL · DO

今天，看看你在用怎樣忙碌的生活讓自己分心，不再花時間陪伴你的伴侶。你們或許可能一起共事，但卻沒有互相結合。你的忙碌和無價值感是一種干擾，讓你無法壯大自己的心，無法建構生命的意義。想像20年後的你。想像這件事在20年後還有什麼意義？想像臨終床前的你。去比較做這件事和花時間陪伴你愛的人哪個比較重要？帶有意願地放下無關緊要的忙碌，然後珍視那些真正有價值的事物。

"Note

_____

_____

_____

_____

_____

Under every role is a temptation to die.

106 秒

　　角色掩蓋了很多痛苦。角色是一層堅硬的外殼，那是在某個我們想死的時候所發展出的性格。我們感到自己毫無價值，是個徹頭徹尾的輸家，於是我們放棄了自我，成為一個角色。

　　角色所做的事是對的，出發點卻錯了，這是為何我們總是不能領受幸福。無論我們多麼成功，都無法得到回報的滋養。角色的概念在孩提時代可能幫助我們形成良好的性格，學會分辨是非黑白，但長大之後這些角色也成為耗費我們精力的盔甲，其沉重的裝備使我們精疲力竭。由於我們只是出於應該做而做，因此無法從自己的作為中獲得滋養。所有的角色背後都有著疲憊和對自己的無價值感，這些是當初塑造角色時的原始感受，因為角色來自於補償和防衛心理。周遭的人可能都覺得我們成功有為，但我們只覺得筋疲力盡、空有其表，甚至像是個假人。角色看起來風光，但其實會使我們頹喪無力，最終讓我們賠上性命。

每個角色背後

都有想死的誘惑

　　如果你接觸到本源的無價值感，要知道自己只是在經歷一個角色，請瞭解這個角色所補償的是什麼。穿越角色最簡單的方式就是透過選擇，與其只是機械式地做你覺得應該做的事，不如決定：「這是我選擇要做的事。」你的選擇會創造出符合真理的付出，進而療癒和滋養你。屬真的給出，就是你真心的付出，而不是出於應該而做，因為你出於選擇而做，這將會帶來顯著的改變。

　　死亡的誘惑潛伏在你所扮演的每個角色之下，若你接觸到它，不要被嚇到。面對那個死亡誘惑，明白那是穿越之道，而彼岸就是突破。逃避想死的感覺只會加強它，我們應該直截了當地面對它，同時選擇活下來。要想超越死亡的誘惑，請好好感覺那份感受，直到它不見為止。這樣，本來對你而言僅是角色的部分就會變為真實，你又可以重新找回失落已久的中心。

How another is giving to me is how they would like to be given to.

107秋

　　仔細觀察我們最親近的人送我們的禮物，我們會發現，他們送的通常是他們自己也很想得到的禮物。當我們觀察別人支援我們的方式時，我們就會瞭解他們想要得到什麼支持。如果我們仔細觀察另一半，就能夠以一種讓他們真正感到被愛的方式付出給他。

　　例如，如果伴侶總是對我們說「我愛你」，我們就知道他們也希望我們也報以這句話。如果伴侶透過實際行動支持我們，我們就知道也要用相同的方式支援他們。如果伴侶時常觸摸我們，我們也要多多撫摸他們，這樣他們會非常開心。

THINK · FEEL · DO

　　今天，研究你的伴侶。當他們真心對你付出時，他們給的正是他們自己想擁有的。當你懂得送出對方所給你的事物時，將讓他們感覺到真正被愛。

別人對我付出的方式　其實是告訴我　他們想要被對待的方式

"Note

Triangle relationships arise from the belief that I cannot have it all in one relationship.

108 秋

我們都有這樣的限制性信念：一段關係無法十全十美。我們在成長的過程中接受這這個信念，認為我們無法活在童話世界，全然地快樂並擁有想要的一切。而這種信念來自於一個更深的早期信念：我們無法均等地擁有父母的愛。這導致我們相信自己無法在一段關係中享受一切。

原生家庭的不平衡及缺乏連接，使得「我們無法均等地擁有父母的愛」這個信念成為每個小孩都得面對的情況。當然，這也是我們的雙親小時候所要面對的。常見的情況是，我們與雙親的其中一位黏連，但與另外一位疏遠。我們無法分辨與自己黏連的父或母之間的界線，同時又對另一位感到疏離。然而，有時候我們會和父母雙方黏連，而對伴侶冷淡、疏遠。家庭中的不平衡製造了其他的不平衡。例如，你的事業可能經營得比感情好很多，或是你的關係經營得很成功，但事業發展卻平平。

有意願地在關係中付出一切，關係將自然對你付出一切。我們將能重新平衡原始的關係，並瞭解到我們可以同時擁有父母均等的愛。

三角關係源於以下信念

我不可能在一段關係中擁有一切

今天，選擇相信你可以在關係中擁有一切，並相信你可以作為楷模協助他人擁有十全十美的關係。靜靜地坐著，想像你重回孩提時代，想像你和父母之間有個完美的平衡，三角形頂點的光連結著你們三個人。透過這些光芒，感受你均衡地領受父母的禮物，而你也均等地付出所有的天賦和愛給他們。現在將你的兄弟姊妹加入排列之中，彼此平衡而充滿愛意，如此你也能均等地領受他們所有的禮物和愛。在你現在的關係當中，想像同樣的畫面發生在你、伴侶，以及你們的孩子之間。想像一幅完美均衡的畫面，所有人之間都達到平衡。

When I am in fusion, I am in sacrifice.

109 秋

當我黏連的時候 我已落入犧牲

當與某人處於黏連狀態時，我們會不知道對方和自己之間的自然界線，我們會搞不清楚自己的中心在哪。因此當其他人進入我們的勢力範圍內時，我們就被拉進了他們的生活圈，脫離了原有的自然方向，遠離了自己的生命目的，過的不再是自己的人生。

通常，我們黏連的對象是自己認定的一輩子的摯愛，我們想要把自己的全部都付出給這個人，想要無微不至地照料他們，讓他們的生活更美好。我們可以和父母、配偶、孩子黏連，但無論對象是誰，黏連都讓我們陷進犧牲。我們成為幫倒忙的人、一個不真實的幫助者──只是一味地幫忙、幫忙、幫忙。然而這樣根本無濟於事，沒有人能夠向前移動，我們只是陷入了共存的惡性循環之中。

如果我們與父母相黏連，無論我們多愛他們，都會覺得好像離他們越遠越好。我們處在黏連狀態時就是在犧牲，對於任何人都沒有幫助。只有真正活出自己，我們才能幫到身邊的人。

THINK · FEEL · DO

今天以及往後，只要有需要，請切斷你和他人之間黏連的絲線，如此你們將擁有更大的自由感和更加親密的能力。閉上眼睛靜靜坐著，想像你手中握有真理之劍，能夠切斷幻象和不真的事物。當你看見自己和另一個人之間黏連的絲線，準備好，揮劍將之斬斷。真理之劍能夠斬斷一切，僅留下符合真理的。當不真被斬斷之後，想像那個地方長出真愛和連結的絲線。

你可能僅需要斬斷一次絲線，或每隔幾天就要再次揮劍，這取決於你是哪一種人。甚至，幾個和你黏連在一起、彼此之間失去自然界線的人，你也可能想要斬斷和他們之間的絲線。在你斬斷和這些人、這些事，甚至這些癮頭的連線之後，你將發現自己更自由。當你們結束黏連狀態後，關係將變得更加親密。

Fusion happens when bonding has been broken.

110 秒

當連結斷裂時，就會產生黏連

我們都需要感覺親近、親密、被接納和與人連結。當我們的連結感消失，或仿佛不再存在時，我們就需要某種親近感藉以存活下來，因此我們選擇了黏連。如此我們至少可以和其他人擁有某種靠近的感覺，然而，這並不是真正的連結。

在連結的狀態下，我們仍保有中心，自然會給出真我的天賦，並且領受對方真我的天賦。但在黏連的狀態下，我們放棄了中心和自我。透過寬恕和認識已存在的愛，我們可以帶有意願地重建連結，如此將能確定適當的界線，讓我們懂得在該說「不」的時候說「不」。最重要的是，我們終於能好好為自己而活。

THINK · FEEL · DO

今天，放鬆地坐著，想像許多條真實的連結、充滿光和愛的線，將你和那些與你黏連的人彼此連結起來。當你看到你們之間的連線，黏連和犧牲的線自然消逝無蹤，因為它們並不符合真理。

黏連阻礙溝通

111秋

黏連阻礙溝通，因為我們會感到和對方過於親近，以致於有些話不能對他們說。當處於黏連的溝通狀態時，我們會自然感受到抗拒，因為他們若因我們的話而受傷，我們也會傷心欲絕，我們所有的情緒都會大起大落，精神幾乎處於一種令人厭惡的狀態。他們受傷我們也跟著受傷，他們受苦我們也跟著受苦。他們憤怒的時候，我們也跟著焦躁易怒；若他們生我們氣的話，我們的情緒就更容易引爆了。

這樣的過度親近會妨礙口頭溝通，因此我們好像都是透過非語言往來溝通的。一個眼神就能道盡我們多愛他們，也同樣能表達他們多討厭我們的行為。我們不願意開啟對話，覺得口語溝通會導致痛苦，因此只以眼神互動說明一切。然而，只有我們允許自己開始對話，才能透過溝通獲得療癒。

THINK · FEEL · DO

今天，想出那些你生命中很難與之訴說某些心情的人，他們是你黏連的對象，你很不願意冒險與他們溝通某些事情的看法。想像你用真理之劍斬斷黏連的絲線，好能夠真正和他們開始對話。如果你一直想對他們說些什麼，現在正是時候。無論是你和愛人、配偶、父母還是小孩黏連，斬斷黏連的絲線，並且開始和他們展開對話冒險吧。

Fusion blocks love.

112 秋

　　真的愛是希望對方得到最好的。我們在愛裡延展自己，同時又以交互依靠的方式彼此連結。若是處於黏連的狀態中，我們雖然和另一半共依存，卻讓彼此都無法向前移動。從表面上看，我們是幫助者，但我們其實害怕對方好起來，進而露出自己的依賴。結果，我們對對方的付出反而會造成他們對我們的某種束縛。

　　黏連讓人困在束縛之中，愛則讓人自由。如果我們感覺受到某人的束縛，則我們所有的幫助都會因為這種黏連的關係而無法施展。我們無法直接面對對方，或為了他們好而對其假以辭色，即使這是當下情勢所需，我們也做不到。

　　黏連阻礙了能夠創造強烈溝通的親密感，妨礙了我們的能力，一方面，讓我們無法說出或做出真正可以幫到對方的事情，另一方面，黏連造成的假親近，也會妨礙我們彼此的交互依靠。愛能夠讓我們成長、療癒和滋養，黏連則毫無辦法。在黏連的狀態下，從某種程度而言，雙方都感覺好像正在鬧饑荒。

THINK · FEEL · DO

　　今天，檢視你的關係。由於你沒有處於自己的中心，哪些地方你沒辦法感到真正的自由？當你給出自己時，是出於自由還是出於義務？使用真理之劍還自己自由，並做好必要的溝通，並在溝通的過程中，送出你可以並且想要送出的禮物和愛。

黏連阻礙了愛

To be fused with someone is to be withdrawn from life.

113 秋

與某人黏連　就是遠離生命

當與某人黏連時，我們就離開中心，朝向對我們來說並不屬真的目標移動。我們以不真的方式，將對方視為比自己還重要的存在。我們將他人視作自己的人生目標。誠然，愛能幫助我們找到自己，但黏連卻讓我們偏離中心、遠離生命，讓我們無法真實地付出。

表面上我們可能非常慷慨大方，但其實只是自我犧牲。我們可能對各式各樣的人付出，但若是對自己付出，成就可能會更大、更多。黏連阻礙了我們的付出和領受，因此我們無法在這方面獲得報償。在黏連的狀態下，我們是個不真的幫助者。我們早已抽離退縮，但意願和承諾將引領我們朝目的前進，找到生命中真正使我們滿足的事物。

THINK · FEEL · DO

今天，請審視生命中你沒有領受的地方，這些就是你沒有真心給出自己的地方，你可能只是為了他人而活。請呼求老天的幫助，讓你可以回到自己的中心，真正活出自己的生命，如此一來，你的墓誌銘上才不會寫著其他人的名字。

What I see in another is what I think I am.

114 秋

我們將自己不喜歡的部分掩埋，然後將這些特質投射到外在世界。我們在他人身上看到的是自己的投射，也就是我們所認為的自己的樣子。如果我們在他人身上看到正向特質，但不相信自己也擁有那種特質，這代表我們早將那份天賦抑制，不管是出於罪疚感還是恐懼，總之自己對這樣的特質招架不住。我們或許早將那份天賦推開了，但它仍然潛伏於我們內在。若那份天賦沒有在我們的內在等待，我們也不會與他人身上的這份才華產生共鳴。

同樣，我們在他人身上看到的負向特質，其實是我們對自己的信念的投射。若我們寬恕自己內在的這一部分，日後就算又在他人身上看見，也不會感到討厭了。我們在他人身上看到的，就是我們對自己的信念。如果我們不改變對他人的評斷，自己就會被困在我們所評斷的特質中，這樣一來可就落入犧牲了。只要帶有意願地寬恕他們，並且改變內在的評斷，正向的天賦才會再度浮現。

THINK · FEEL · DO

今天，對一位曾以他的天賦啟發你的人表達欣賞，感激他保有對這份禮物的真知灼見，讓你知道這份禮物是可能發揚光大的，在你的外在世界與內在心靈，皆能發揚光大。然後，對一位你曾評斷過的人表達欣賞，感激他們讓你看到自己原來抱有怎樣的自我信念。請記住，冒的險越大，突破就越大。感激他們讓你穿越評斷，也讓關係得以再度展開。

眼中世界皆為自我投射

Every time I see someone as innocent, I free myself.

115 秋

　　純真無罪能讓人自由。看見他人的純真無罪也等同於釋放了自己，因為當我們那麼做時，我們內在的罪疚感也得到了釋放。罪疚感容易讓我們產生無價值感，並落入犧牲和自我懲罰的狀態。當我們將他人視作有罪，就是在懲罰自己。如果有意願地忽略錯誤，將另一半視為純真無罪，那我們也能因此獲得釋放。考慮到我們的伴侶所面對的內在、外在環境及生命故事，他們已經盡力而為了。與其抱怨連篇，我們不如支持並擔任教練，如此將大有助益。

THINK · FEEL · DO

　　今天，觀察你覺得他人在哪些地方是有錯的、不好的或有罪的。問問自己：「如果我這樣看待他們的話，代表著我這一路來是如何懲罰自己的？」花時間看看腦海中浮現出什麼。如果這種自我懲罰不是你想要的，那就帶有意願地想想他們是純真無罪的。接著做出療癒宣言：「你的純真無罪讓我在今日釋放自己，我的純真無罪讓我在今日釋放自己。」然後說：「我將（某人的名字）視為純真無罪，並將自己視為純真無罪，好讓我們重獲自由，結為盟友。」

就是在釋放我自己

每當我將某人視為純真無罪

Anger is always a cover for another feeling.

116 秒

憤怒總是為了　掩蓋其他感受

　　憤怒是一種防衛性的感受，藉以掩蓋另一種更深的感受，例如傷心、失落、受傷、拒絕、報復，或是罪疚、犧牲、挫折或失望等等。這些感受可能來自權力鬥爭或死氣沉沉的生活（憤怒至少可以讓生活稍有生氣）。和憤怒一樣，我們的暴怒也是為了掩蓋無助、屈辱或羞愧等感受，以保護自己免於經驗重大的心碎、嫉妒、孤單和精疲力竭。

　　有時候，迅速穿越憤怒的方法很簡單，就是問自己：「憤怒背後是什麼感受？」如果我們願意感受憤怒背後的感覺，憤怒將立刻消失，憤怒所掩蓋的那份更深的感受就會被看見。

THINK · FEEL · DO

　　今天，檢視自己的憤怒，同時明白任何形式的憤怒都只是阻礙你進步的情緒。透過認識憤怒背後的感受，你便可以帶有意願地改變和向前移動。請你開啟一場療癒性對話，和那個讓你憤怒或暴怒的對象分享那份更深的感受，但無須期待從他們那邊獲得任何回應。這場溝通是為了你自己的療癒。

Forgiveness is giving forth.

寬
恕
就
是
付
出

117 秋

　　罪疚感讓我們退縮不前。每當我們感覺不值得、有所犧牲、不看重自我價值或歷經挫折又不肯放手時，我們就是在退縮不前。在我們的生命中，所有這些失落和無價值感都會體現為對他人的評斷。當我們寬恕周遭的人時，就是在將多年以來我們內在退縮的部分給出去。種瓜得瓜，種豆得豆。一旦我們寬恕，就能迎向生命之流，也終於能夠領受。當我們寬恕（也就是給出去）之後，就會感到開心，因為寬恕讓所有被隱藏的自己再度活起來。

THINK · FEEL · DO

　　今天，列舉你評斷另一半的三件事情，認識到你對伴侶的這些評斷其實是你沒有給出去或支援他們的地方。選擇在這些地方對他們付出。選擇在這些地方支持你自己的生命。當你向對方給出去的同時，你將自然找到寬恕，自然能夠寬恕。寬恕之後，你將感受到一道自然之流，重建你在那些領域的領受能力。

The point of conflict is the place of opportunity.

118秋

　　我們移動的方向和我們對事情的態度直接相關。如果我們將衝突視為可能結束關係的事件，那很可能就是如此。如果我們將衝突視為療癒的機會，那麼就能達到嶄新層次的親密和整合。將衝突作為一份禮物，而不是另一處人間煉獄，這將幫助我們面對這場衝突。

　　只有關係達到一定堅韌程度的伴侶，才有辦法面對衝突的相關領域。全世界的衝突都存在於每個個體的心靈中，然而每個人一段時間內僅能面對有限的衝突。如果我們能真正療癒內在的每種衝突，外在的衝突也會得到療癒。當面對親朋好友或點頭之交時，我們自然會有他們所需的答案。

　　隨著我們的進步和前進，我們逐漸離開關係中的個人衝突，也離開了親朋好友看似正在經歷的衝突。隨著我們日漸成熟，我們將能面對更深層次的衝突，並培養出更多回應力。我們的回應力層級代表我們當下可以面對更高一級衝突的能力，因為我們已經瞭解到這是學習和成長的大好機會。這場衝突一直都在內在，只是等待時機浮出水面。

THINK · FEEL · DO

　　今天，檢視你在目前遭遇衝突的區塊，並將之看作一件禮物。隨著你看待它的態度的改變，這場衝突會告訴你自然的穿越之道。

衝突之處藏有機會

To resolve a conflict, go to a common, higher purpose.

119秒

如果我們沒有提升至更高的共同目的，任何衝突都可能會演變為權力鬥爭。即使成功地讓另一半照我們的意思做，我們的需求仍不會得到滿足，同時還會開始失去對對方的興趣。但雙方若能認識到各自的觀點都擁有解答難題的部分答案，就能創造出更好的結果——我們可以達成更高層次的目的和解決方案。

只要我們開始檢視構成衝突的兩種立場，就會發現，在更高的共通目的中，自然吸納了難題的兩種觀點。目前看似彼此對立之處，也能被更高的目的加以整合。

THINK · FEEL · DO

今天，讓某個衝突浮現在腦海中。無須特意在構成衝突的兩種立場上多停留，只要靜靜安歇，讓這場衝突帶你往某個更高的目的。放下一天中的所有擔心和煩憂，答案可能在接下來的幾秒鐘內跳進你的腦海。接受這個更高的目的，解決衝突的大門就會自動打開。如果能夠讓你的敵人變成盟友，於你又有何損失呢？

雙方欲解決衝突

就要訴諸更高的共同目的

Most negative emotion has nothing to do with the present.

12O 秋

　　大部分的負面情緒，都和現在沒有關係。我們常常會將自己沒有勇氣完全感覺的感受存放起來，然後在現實生活中創造不同經驗，好給我們機會釋放那些過往的感受。如果我們能更深入地檢視是什麼引發了現在生活的情境，就會認識到現在經歷的痛苦通常和眼前的情境無關。

　　眼前情境所造成的痛苦只是小小的引子，誘發我們深藏已久的感受。我們必須釋放出這些感受以對生命敞開，領受生命的美好。如果這些感受持續被壓抑，它們將會在我們體內化膿潰爛，產生毒素，影響我們的健康，讓我們失去享受生命和關係的意願。

THINK · FEEL · DO

　　今天，稍稍深入探究你目前面對的衝突，認識到這些衝突來自於舊有的情境，還有過去尚未了結的情緒。無論你是否能夠連結到那些舊有的情境，感覺那些感受，直到它們不見為止。帶有意願地認識到，你不需要責備你的伴侶和周遭的人。他們其實是在幫助你創造這場自我療癒，幫助你對生命敞開，好讓你能夠領受幸福快樂。

夥伴關係帶來創造力

121 秋

　　在關係中，當我們穿越權力鬥爭階段，走出死亡區後，就能進入一個讓我們越來越能發揮才華的地方。這時的夥伴關係會讓我們持續領受更新、更好的真知灼見。這樣的關係階段，我們稱之為共同創造階段。當然，愛是這種創造力的主要動能，因此能帶來充實和更大的滿足。愛和創造力能帶來快樂。當我們與對方成為夥伴或相互連結時，就能在關係中創造出某種精采與火花，展開新的禮物、天賦和機會給雙方。

THINK · FEEL · DO

　　今天，思考用哪些方式可以和你的伴侶連結。一整天都停留在你所發起的愛的運動中，感覺你與對方的連結和愛。你們之間可能還是遺留著一些雜質，但愛和連結仍然存在。愛和連結是關係和生命中最重要的事物，你越能連結，你們的關係就越能敞開。在你的生命中，也將會出現越來越多的富足、快樂、愛以及其他任何美好的事物，讓你享受。

Pulling away from a feeling is what makes it hurt.

122 秋

　　若我們從一種感覺中抽離，在抗拒的過程中，有的感受——受傷的感覺——本應該不會浮現的。若我們試著逃離痛苦，這種抗拒反而會讓我們付出雙倍苦工，掩埋雙倍苦楚。

　　例如，當我們不願意感覺失去所愛之人的感受，我們就會逃避經歷失落自然產生的哀慟和憤怒。當我們從這樣的感覺中抽離時，事實上就在失落之外加上了另一層感受：受傷或拒絕。當我們不想感覺自己的罪疚感時，也會有相同的情況。若我們排斥罪疚感，而且加上一層受傷的感覺，我們就自然得將這麼多的感受抽離。若我們選擇感覺那份感受，全然經歷它，而不是將之掩埋心底，它很快就會消逝，讓我們得以重新開始。那些使我們日漸老化和疲倦的失望情緒，也將被我們拋諸身後。

THINK · FEEL · DO

　　今天，把握機會感覺所有浮現的感受，無論是正向還是負向的感受都一樣，全然經歷它。若那是負向的感受，透過感覺它，最後它會燃燒成為正向的感受；若那是正向的感受，全然經歷它，則會讓它更趨正向。

從感覺中抽離反而會受傷

Any problem in my relationship is a signal that a gift, talent, or opportunity wants to emerge.

123秒

問題是一種干擾，表示恐懼的存在。一個新的禮物、天賦或機會送到我們眼前，但我們恐懼領受。這些其實是我們一直渴望獲得的，只要有勇氣接受，就能擁有。帶有意願地選擇禮物、天賦或機會，讓它們得以降臨，並且讓問題的干擾消失不見。處理問題最簡單的方式就是換種眼光看待它們，透過這樣做，我們將認識到，每當問題出現時，就代表一個禮物、天賦或機會想要在我們的生命或關係中浮現。

THINK · FEEL · DO

今天，想像從老天那裡降臨了一個新的禮物、天賦或機會，可以解決你的問題。想像它的能量進入你體內，同時又從你的內在深處升起。你讓自己明白這股能量的本質，感覺它體現在你的身體上。即使你不知道那是什麼，你的問題也將開始崩解，因為問題本來的目的就只是干擾你、拖延你。

我關係中的所有問題都指向

一個將要浮現的禮物、天賦或機會

The person I like the least is showing me what is holding me back.

124 秋

我們最不喜歡的人讓我們知道是什麼在牽絆自己，這種人被稱為「陰影人物（心魔）」，他們體現了我們內在陰影的一面——那些被我們藏起來並壓抑的部分。如果一直壓抑下去，具有這些特質的人就容易出現在我們的生命當中。想要穿越他們的辦法，就是要超越我們的厭惡感，認識到這些人的出現，是為了讓我們瞭解有哪些隱形的阻礙牽絆了我們前進的腳步。

當我們發現自己苦幹實幹卻進步有限時，通常就是我們痛恨自己某項特質的信念運作的結果。我們將這些特質掩埋，然後投射至他人身上，使它成為一道無形的屏障，阻礙我們向前。當我們身邊出現陰影人物（心魔），或當我們投射某種無法忍受的特質到伴侶身上時，它就像隱形的心錨一樣，拖住我們，讓我們無法前進。

THINK・FEEL・DO

今天，請呼求自我寬恕，也為你們的關係呼求純真無罪的感覺，以及解決之道的出現。如此帶有意願地呼求你的高層力量，將會釋放你生命中的隱形阻礙，並讓你在此刻就能夠向前移動。

我最不喜歡的人讓我知道

是什麼在阻礙我前進

The heart of communication is recognizing that present pain is rooted in a past relationship.

溝通的核心在於

明白眼前的痛苦源於過去的關係

125秒

當我們開始分享關係中有哪些問題或苦楚時，終究會瞭解到痛苦並不只是來自於這段關係，而是根源於另一段關係。若我們願意彼此支持，就會發現關係中的雙方都不是壞人。痛苦並不是我們或他們造成的，但痛苦卻是我們能夠協助伴侶的地方，只要我們樂意分享彼此的誤解和過往的痛苦。

THINK · FEEL · DO

今天，想像一個你覺得是由伴侶為你造成的痛苦情境，並試著找出它的真正來源。因為痛苦若已累積到如此規模，就必定有過去的軌跡可循。現在，請你帶有意願地和伴侶分享這種理解，分享你過去立下的規矩，分享那時你以為的生存之道，分享那些過去的關係信念對你現在的痛苦產生的影響。隨著你帶著意願地分享並放下這些感受，你會發現伴侶更樂意和你溝通並支持你。

Refusal of what is untrue in a relationship allows the truth to emerge.

126 秒

　　我們可以持續在關係中運用這個技巧：如果某事是不真的，它就不是愛，不是快樂或富足，因此我們無須忍氣吞聲。如果那不是真相，我們不需要接受它，因為那並非我們的關係所屬。帶著心靈以及真理的力量，我們可以拒絕不真的，進而另做選擇。

THINK · FEEL · DO

　　今天，在關係中選擇至少兩個令我們不喜悅的不真區塊。在這個練習中，你可以看到關係中不好不壞或平淡無奇的地方。運用你的心靈力量說：「這不是真相，我不接受這樣，我選擇的是真理，我選擇的是＿＿＿＿＿＿＿。（填入你想要的任何情況）」真誠地說出以上話語，有時候就能得到化解整個衝突的力量，或至少能除去一層衝突。時常使用這個技巧，好讓你明白這個原則：如果那不是真相，就不要去適應，不要去妥協；如果那不是真相，不要選擇它。持續呼求答案和解決之道現身。

在關係中拒絕不真的愛

將讓真相得以浮現

To analyze a problem is to resist the solution.

127 秒

分析問題就是抗拒解答

問題發生的當下，解答也隨之現身。我們不需要浪費任何時間去尋找問題的解答，只需呼求勇氣來接受那個解答。

分析問題就是在抗拒解答，因為分析將整體分割成碎片，以為我們可以從中得到解答。「分析」其實只是「肛門的謊言[3]」，而「合理化」則是「合理的藉口」，因為思考總是後於事實發生，而解決方案則來自我們的直覺和靈感。大部分的偉大發明都來自於幻想，答案會在那種狀態下自動現身。腦袋的靈機一動，可能出現任何問題的解答。當我們停止思考那個問題時，自己就能夠獲得解答。

THINK · FEEL · DO

今天，花時間允許自己靜靜坐著。若 10 分鐘內問題的解答仍未浮現於腦海，就讓自己坐在那兒觀照每個跳出來的想法——你該做的事情、性幻想之類的任何念頭。對每一個念頭說：「這個想法反映了一個目標：故意不讓我得到解答。」這麼說之後，念頭就會自然消散。然後在 10 - 15 分鐘後說：「現在請賜予我答案。」你領受答案的意願將消除雜亂無章的想法，是否有辦法得到解答，全在於你是否有意願領受答案。

---

[3] 來自英文雙關語：“Analyse” is really “anal lies”.（分析其實是肛門在撒謊。）恰克博士的幽默說法。

Trust heals all.

128 秋

信任是最偉大的療癒師，是心靈用來打造自我的力量。信任讓我們經歷的所有問題都開始療癒，因為所有問題都反映了信任的匱乏。

透過將信任帶至每個問題當中並使用心靈的威力，我們能感受並且用正向期盼的眼光來看待現實。每當遇到一個問題，只要我們選擇看到、感覺到、聽到問題迎刃而解，我們就不再執迷於問題之上。我們不再強化問題本身，反而是敞開自己，接受答案降臨。心靈的威力自然會尋找解決之道，信任就是答案，信任療癒一切。

THINK · FEEL · DO

今天，在看似牽絆你的問題上，尤其是關係中的問題上，花些時間去信任。請記得，讓你的關係向前移動，同時也讓生命中所有的其他區塊自然向前移動。

信任療癒一切

When I opt for independence, I throw away passion.

當我選擇逞強獨立時 就是拋棄熱情

129 秋

　　熱情分為兩種，一種來自迫切感，另一種則來自於全然給出自己。當我們選擇逞強獨立時，就是選擇遠離我們的需求和迫切感，但我們仍然沒有百分之百給出自己。從我們的需求和痛苦中解離，表示我們有未竟的功課，那是我們不願意深入探究的內在。這些未經檢視的痛苦牽絆住我們，讓我們無法全然給出自己。

THINK · FEEL · DO

　　今天是重新找回熱情的時候。承認你的需求，放棄你防衛性的獨立，並且對你的伴侶、你的生命和你的工作，百分之百地給出自己。無論是什麼牽絆著你，依然給出自己。藉由全然給出自己、穿越痛苦的感受，你將重獲嶄新的愛、力量和熱情。

Giving up a judgement keeps me from being stuck with what I have judged.

130 秒

如果我們有所評斷，就會困在我們評斷的事物當中。評斷讓我們自以為是，但卻無法讓我們向前移動。當人願意認錯時，就能讓事情繼續向前推進。

我們要願意承認自己不見得什麼都懂，仍然能接受教導；因為一個滿的水杯，就再也無法注水進去了。我們評斷說：「我沒什麼好學的，我已經擁有一切問題的答案，我就只能這樣，無法改變了。」選擇放棄我們的評斷，並且承認除了眼前所見之外，必定有更多真相，這讓我們能夠擁有更深刻的觀點，並且看到情境裡頭的出路。如果我們有答案，就無法被教導；然而，學無止境。

THINK · FEEL · DO

今天，花時間找到你所評斷、讓你被困的事物，帶有意願地放下它。想像你將自己的評斷置於一葉扁舟上，讓它隨著湍急的河水駛入海洋，遠離你的心靈。然後，答案從上游順流而下，讓你看見下一步該怎麼走。只有放下承載評斷的小扁舟，你的大船才能進來。一種強大的正向宣言是：「我希望我是錯的，因為如果我是對的，我現在怎麼會落得如此下場。」

放棄評斷　讓我不被自己的評斷所困

If the past is unfinished, ghosts of old relationships will come to haunt me in the present.

131 秋

如果過去未了
往日關係中的鬼魂會在現在騷擾我

所有我們和父母、兄弟姊妹或其他重要人物未了的關係功課，都會被帶到現在的關係中藉以繼續學習，它影響著我們現在的關係狀態。療癒現在的關係能讓我們以全新的角度看待過往。

這種療癒有時候很簡單，我們只需要和這些關係中重要的人接觸，並以成熟的眼光瞭解過去的情境，放下問題，就可以繼續向前移動。當舊日鬼魂被驅散後，過去的祝福和美好將賦予你新的力量。

THINK · FEEL · DO

今天是處理過去留下的未竟事宜的一天。聯絡任何和你有重大心結或誤解的人，帶有意願地主動邁出下一步，必要時以道歉讓你們得以前進。即便那個人已經過世，仍然有可能被療癒。只要你想像他們現在在場，並和他們交談，你甚至可以寫封信給他們，化解過去的未竟事宜。

Rules cover guilt.

132 秋

我們所立的每一條規矩都是為了掩蓋我們的罪疚感。如果我們不感到罪疚，即使不制訂規則，也能在規則相關的區塊變得靈活而有回應力。

一開始，我們制訂規則是因為相信自己曾犯了重大錯誤，並下定決心不再重蹈覆轍，因而替他人和自己制訂了規則。但許多時候，規矩隨後變成問題的本身，阻礙我們的回應力，讓我們無法評估什麼最適合當下的情境。當然，罪魁禍首仍是罪疚感，它讓我們失去了回應力，無法跳脫窠臼，仍需依照陳舊的儀式做事。

THINK · FEEL · DO

今天，檢查你關係中的哪些區塊過於僵化死板，它們會讓你覺得：「這件事一定要這樣做。」認識到你的每條規則背後都隱藏了一份罪疚感，帶有意願地放下這些規則和罪疚感。

利用規矩掩蓋罪疚感

利用規矩掩蓋罪疚感

A rule is self-punishment for a mistaken belief I have about myself.

規則是對自己

某個錯誤信念的自我懲罰

133 秋

　　我們的規則就是我們的紀律，不幸的是，這些紀律往往是我們因犯錯心感罪疚後，對自己進行的某種形式的懲罰。

　　規則之所以是一種自我懲罰，是因為有規則的地方，人就無法領受。規則阻礙了領受，因為人心懷罪疚的地方，是根本領受不進任何東西的。我們定有規則的地方，是希望掩蓋罪疚感的地方，而這種強烈的歉疚，會導致我們無法和伴侶真正地接觸。

THINK · FEEL · DO

　　今天，寫下你在關係中訂下的每一條規則。在規則旁邊的欄位，寫下你自己對於這條規則的定義。如果第二個欄位中的任何描述都是負向的，那麼就可以肯定你其實正在用某種方式懲罰自己。覺知和重新決定是療癒的關鍵。在第三個欄位中，寫下你是如何懲罰自己的。仔細檢視你之前定下來的這些規則，並對對自己生活中的各種其它規矩重新做決定。

My present relationship is the process by which old pains can be healed.

134 秋

現任關係中的愛能讓人放下自己的舊想法和舊傷痛。在共同成長的過程中，介於我們和伴侶之間的任何東西都會浮出水面，藉以獲得療癒。

每個人都有自己是好人的概念，但有時候這個概念背後可能隱藏了非常黑暗的自我形象。在這些黑暗及痛苦的自我形象背後，是一個關於真善的自我概念。真善的自我形象是真實的，而好人形象卻是人們內在黑暗的補償。

THINK · FEEL · DO

今天，好好肯定自己這一路走來的每一個日子。嘉許自己：揭穿所有表面良善的自我概念，因為它們從不讓你有所領受。欣賞自己並向內深掘那些隱藏的黑暗概念，唯有如此才能繼續進行療癒。感恩自己所擁有的關係，因為它們讓你覺察到自我形象中的黑暗面，進而讓你可以自我療癒、自我領受，以達到屬真的良善。

舊傷痛可以透過——現任關係獲得療癒

If I have a problem, I am holding on to old pain.

問題的癥結在於

我執著於過去的痛苦

135秒

　　人當前的問題其實根植於過去的問題。即使我們想斷絕它對現在問題的影響，但它的根源仍然存在，且在日後可能衍生出更多其他問題。因此，如果能認識到現有問題的根源，以及它如何演變為我們人生中的許多問題，將大有助益。

THINK · FEEL · DO

　　今天，寫下你關係中的三大問題，然後辨認這些問題當初起源於誰，接著，在旁邊寫下你和那個人之間有什麼問題。填寫的過程中，相信你的直覺將給你解答，直覺的重要性是思考和記憶無法取代的，因為後兩者與小我共謀，絕對不會給你小我不想面對的答案。你的直覺將持續替你解答，透過發揮直覺，答案將會現身。

　　現在，看看你寫下的內容。如果你所辨認的這些問題源自於未竟事宜，你現在是否願意做個了結？可以非常簡單，例如，寬恕當初的那個人、祝福他們，或是放下一件不屬真的事情，從而讓往事不再牽絆你。

Appreciation eliminates power struggles.

136 秋

感恩能消弭權力鬥爭

權力鬥爭的問題出自我們落入兩極的對立陣營當中。面對雙方關係中的一項議題時，我們並沒有將之視為療癒的機會，反而用來對付彼此。

權力鬥爭的根本動力就是阻礙我們向前移動。運用能自然將我們向前推動的工具，就能結束權力鬥爭。「感恩」使我們向前移動，因此，感恩能夠終結權力鬥爭。如果我們和伴侶有所衝突，一旦開始感激對方，我們就能再度回到順流之中。

THINK · FEEL · DO

今天，在早上和晚上各花些時間想想，你最喜愛伴侶的哪些地方，同時回想伴侶對你的所有付出：你的伴侶如何替你的生命帶來祝福？然後在一天中的某個時刻，將這些感受表達給伴侶。即使你們現在不在權力鬥爭之中，也不妨利用這個時刻感恩你的伴侶，告訴他你喜愛他哪些地方，還有他曾帶給你怎樣的幫助。即便你只能找到一件令自己感恩的事情，光是感恩就足以讓你向前移動，也會為你帶來祝福和敞開。

請帶有意願地放下

想要將另一半吞噬掉以彌補過去的念頭

Be willing to let go of the need to consume the other to make up for the past.

137秋

當過去有些需求沒有被父母或當時的生命情境所滿足，我們就會想要用自己的需求淹沒現在的伴侶，黏連他，索取他能給出的一分一毫，讓他活在陰影之中，甚至掐住他的咽喉，只為滿足自己的需求。當然，我們沒有注意到，這種吞噬的舉動只會將伴侶推得更遠。如果我們放下過去的需求，就能找到關係中一種自然的平衡和敞開。如果我們總是想抓著另一半，他們就不可能想靠近我們。

帶有意願地放下吞食的企圖，不管是對另一半還是生命中的任何人，這麼一來我們所有的祈禱都能得到應許。現在是對另一半以及生命中的這些人付出的時候了。

THINK · FEEL · DO

今天，對你覺得自己最想要吞食的那個人付出。你想從對方身上獲得什麼，就對他付出什麼。

There is no such thing as a broken heart.

138 秒

心碎其實只是一種亂發脾氣的方式。我們讓自己心碎，是因為我們愛的人的所作所為不如我們的意。他們不聽我們的話，於是我們就將心挖出來，威脅著要撕碎它。我們將自己的心撕成無數碎片，心想：「這樣他們該後悔了吧？」

唯一能讓我們心碎的人就是我們自己。因為除非我們自己選擇或是本來就有這樣的念頭，否則別人是無法逼迫我們產生這樣的感覺。如果我們願意接受情況和自己所預想的不同，就能應對排山倒海而來的情緒，並透過這些情緒給出自己。我們將能重獲新生，帶著自信和增強的力量，邁向嶄新層次的愛。

THINK · FEEL · DO

今天是重新找回自己的日子。回到讓你心碎的那個場景和時空，將它們視為療癒的機會。想像自己不管對方是否如你的意，都不再從對方身邊抽離，不再深入關係的權力鬥爭，而是穿越那份痛苦的感受持續付出。這時，你會發現，原本在心裡、頭腦裡、甚至性器官等處，，因心碎而被切斷的線路，已得以重獲連線。找回自己，重獲新生，你將感到一股活力湧現。

沒有心碎這回事

The more unlovable the behavior, the greater the call for love.

行為越是不可愛
就越是在呼求愛

139秒

當我們在伴侶、家人面前或工作環境中見到不可愛的行為時，要瞭解那些行為其實是對方在呼求愛。如果你帶有意願地協助他們度過人生中的難關，便能讓對方進步，持續向前移動和成長。

對方知道，即使我們不見得認同或喜歡他們的行為，我們還是看重他們的為人和他們能夠進步的樣子。這是在考驗愛和領袖力。身為領袖，你要願意穿越自己的不舒服感，回應那些利用不可愛行為來呼求愛的人。

THINK · FEEL · DO

今天是你成為生命和關係中真正的領袖的日子。請在家庭和工作環境中，留意你能邁向更高回應力的方式。

An attack is a call for help.

140 秋

当人受到攻击时，容易防卫、逃走或反击。但如果我们瞭解对方的攻击其实是在呼求帮助，从而敞开心胸回应并且靠近对方，我们就能让对方成为自己的最佳支持者。

当人发动攻击的时候，其实他们正在经历最大的难关，因为他们身陷恐惧，却不期望有谁会靠近他们。当你带着自信和爱靠近和支持对方，即使什么事也没发生，他们依然能感受到爱。当对方发动攻击时，若我们懂得只向他们传递爱，那么下次再相遇时，你就会注意到双方都已经向前移动，他们也将感到和我们有某种联系和连结。攻击发生的时候，其实是我们与攻击者建立连结的最佳机会。

THINK · FEEL · DO

今天，成为你所在关系中的领袖。领袖力的伟大行为之一就是瞭解攻击是人们在呼求帮助的一种形式。很多时候，若能支持攻击你的人，他们日后将会成为你最忠心的支持者。

攻擊其實是在呼求幫助

A role is the costume for an unmourned loss.

141 秋

角色掩飾了 未經哀悼的失落

　　如果我們不曾誠實面對自己的失落帶來的各種感受，就無法有新的開始。相反，我們只是替失落戴上不同的角色面具加以掩飾，包括依賴、獨立或不真的幫助者等角色。

　　如果由於這種失落，我們成了依賴的角色，我們的行為舉止就會變得需索無度，但角色本身並不允許我們領受；如果我們成為獨立的角色，表現出一副好像失落對我們來說無關痛癢的樣子，然而，說自己不在乎其實正暗示了我們有多在乎；如果我們用不真的幫助者的角色掩飾失落，不斷幫助其他人處理痛苦，但卻隱藏自己的痛苦，然而，這卻無法真的幫助我們向前移動，因為我們將自己助人的能力畫地自限了。

THINK · FEEL · DO

　　今天，檢視你用什麼方法逃離過去的失落。你所扮演的是依賴、獨立還是提供幫助的角色？你尚未從哪些失落中走出來？允許自己感覺失落的感受，但不是以如今成年人的立場，而是從內在小孩仍在哀慟失落的角度去感受。在這個過程中，帶有意願地穿越各種角色，讓被隱藏的那部分自己得以在內在誕生。如此，你將會向前移動，你在生命中的助人能力也會大大增長。

A bad feeling is released by true giving.

142 秋

　　當我們感到彆扭、不好意思或受到批評時，就容易退縮不再向前。如果我們懂得在感覺糟糕的當下付出，我們就會經驗到生命的擴展。穿越不好的感覺，哪怕只是平淡或最輕易的那部分，都是屬真的付出。由此，我們將跨越自我人格的高牆，認識到更偉大的自己。

THINK · FEEL · DO

　　今天，問問自己：「誰需要我的幫助？」無論腦海中出現誰的身影，再問自己：「我怎樣能夠向這個人提供最大的協助？」你腦海中出現了什麼想法？可能他們正好需要某種事物或特質的幫助，你可以透過打電話、寫信等方式送出你的愛和支持。你可以想像對方所要的從宇宙傾瀉而下，充滿你，然後透過你流向他們。而你在向他們靠近的同時，也穿越了周遭的隱形圍牆，讓自己的心情再度好起來。

真正的付出 將釋放不好的感覺

嫉妒是在報復自己

143 秋

　　嫉妒是讓人最不舒服的感受之一，因為我們將自己的快樂依附在他人的行為上，這絕對是痛苦的源頭。嫉妒結合了依賴（需索無度）、失落、恐懼、受傷、拒絕、不配感、無價值感和憤怒等情緒，實在讓人難受，且驅使我們變得孤立。

　　嫉妒也是一種情緒威脅，因為無論對方是否知曉我們的感受，我們都試圖透過自己的壞心情來控制他人。如果我們願意將自我的標準從他人的行為中抽離，便能將自己從嫉妒中釋放。我們可以藉由放下情境、向前移動，情況就會所改變且自然開展。如此，我們或許就能瞭解，他們的行為很有可能是出於對自己的某種要求或強迫性意念。

THINK · FEEL · DO

　　今天，我們要練習放下。人只有在想勝過某人時才會嫉妒，這代表你已經有了輸的「信念」，你就已經是敗北的那一方。請帶有意願地放下你的執著，向前移動。你越向前跨步，就越會發現當每個人都找到屬於自己的自然關係，就能創造出全贏的局面。若這不是你的真愛伴侶，你會找到對的那個人。當你願意放下並向前移動時，你就能在你承諾的關係中找到更大的平安，也能找回你的吸引力。這不代表你要將那個人拋棄或者從有他的情境中逃離，而是意味著你將放下，不再執著於情況應該如何。

The extent of my jealousy is the extent to which I feel untrustworthy.

144 秋

　　嫉妒最隱秘而不為人知的一面就是：將我們自己在類似情況中的可能行為，投射至伴侶身上。當我們感覺自己可以如此放縱時，儘管奮力想要有所不同，我們還是會非常嫉妒。

　　我們感到不值得被信任的程度，就是我們用嫉妒懲罰自己和伴侶的程度。換言之，若要變得更值得信任，就得好好療癒自己過去的心碎，信任自己，體認到自己的價值，只有這樣我們才能感到自己更值得被他人承諾。我們不再反覆無常、舉棋不定，而是允許自己領受，並從中更明白自己的價值。

THINK · FEEL · DO

　　今天，記住療癒嫉妒的關鍵是讓自己變得更值得信任，而不是變得更加依賴。主動去覺知導致你嫉妒的負面信念，並透過做新決定來改變它們。你可能對自己和自己所處的關係有著成千上萬的負向信念，每當你選擇一項改變，就使情況朝正向前移。請開始看重自己，因為看重自己將讓你更能感受到自己值得被承諾的價值。

我嫉妒的程度　就是我感到不值得被信任的程度

每個幻想都是一份期望

145 秋

　　每個幻想都是一份期望，在期望之下則是強求。幻想會說：「如果要滿足我的需求，事情非得要怎樣怎樣才行。」我們會在得不到足夠滋養的地方，產生被滿足的幻想，並將這份幻想帶進現實狀況中，讓自己更覺得受滋養。但這種用幻想來滿足期望的情況往往會變得日漸沉悶，使得我們必須讓幻想越變越大，為自己的期待製造更多的興奮和刺激感。

　　如同期望，幻想阻礙了領受，也阻礙了我們本來能從情境中領受的滋養。讓我們帶有意願地放下幻想，將心胸敞開來接納現實，以更能享受其中的滋養。否則，我們的幻想就會將我們鎖進某種假相中，我們即使可以稍微偏離軌道，但還是會被困在某個人生階段裡。放下幻想，放開那些空中樓閣和白日夢想，我們便會發現自己能夠領受得更多。

THINK · FEEL · DO

　　今天，檢視你生命中存在多少幻想，看看羅曼蒂克的愛情、性愛、事業、樂透等方面的想法。開始練習放下，更靠近現實，和伴侶更親密地接觸。隨著你開始認識另一半，和對方有更多接觸，關係中將自然出現性能量的電流，讓你領受開展後的關係所帶來的滋養。

The goal of every relationship is interdependence.

146秒

當我們走過關係中的浪漫期時，雙方的關係可能會呈現兩極化的發展，一方可能會變得更加獨立，另一方則可能變得更加依賴。有時候，關係中的權力鬥爭期主要都是雙方在較勁，爭奪誰可以成為獨立的一方。然而，每段關係的目標都應該是一種自然的交互依靠，在這種情境中，雙方的關係是平等且平衡的，各自的陰陽能量也都能剛柔並濟。

如果我們是關係中獨立的一方，我們的目標將是靠近且更重視另一半；如果我們是依賴的一方，我們的目標則是放下自己的執著和痛苦，體會自己最真實的感受，直到我們將關係提升至全新的夥伴關係。因此，無論我們處於哪個位置，都能持續將關係向前推進。

THINK · FEEL · DO

今天，花些時間為你的關係設定目標。如果你沒有目標，這段關係最後可能會不知所終或被輕易放棄。無論你的關係處在哪個位置，都要設定目標，達到交互依靠的關係。無論你怎麼想你的另一半，你都必須找到關係中的平衡，並朝向彼此可以交互依靠的目標移動。

每段關係的目標 都是交互依靠

My mother and father are embodiments of my feminine and masculine sides.

147秋

母親代表我們的陰柔面，父親則代表陽剛面。若我們的父母關係不平衡，我們內在的陽剛面和陰柔面也可能會失衡。有時候，如果我們的父母失和爭吵，我們的陰陽能量也會彼此交戰。若我們能療癒內在的陰陽能量，我們的父母也會得到療癒。這一課我們將學習，如何將我們體內陽剛所代表的付出和啟動的能力，與陰柔所代表的領受和滋養的能力自然調和。

當逞強獨立的時候，我們內在的陰柔面是受傷的，而我們需要學習如何回應自己內在的需求。透過這麼做，我們將有更大的能力去領受，而我們的陽剛面也會擺脫獨立，因為獨立是不真的陽剛特質，然後找到陽剛面在關係中的自然角色：啟動事物。當我們內在陰陽能量失調時，我們的關係也會失衡。

THINK · FEEL · DO

今天，想像一下你內在的男人和女人。誰需要幫助？如果你內在的男人需要幫助，讓女人接受上蒼的恩典來賦予男人力量；如果內在的女人需要幫助，則讓男人走向她，支持、愛護和養育她。透過這麼做，你將發現自己內在的陽剛及陰柔能量進入了更容易療癒的平衡狀態。這麼做將會對你父母和你自己的關係都產生影響。

我的父母分別是

我的陽剛面及陰柔面的化身

Every old love from the past I am holding on to keeps me from taking the next step in my present relationship.

148 秋

　　心靈是個有趣的東西：如果我們一直幻想某件事物，它會分不出那是真的或只是白日夢，因為心靈中的一切都是影像。當我們懷念舊關係中的美好事物時，心靈就說：「嘿，我們好滿足，我們已經擁有了，現在還有什麼好創造的呢？」因此，我們要帶有意願地放下從故人那兒得到的美好，才能讓那份美好在我們現在的關係裡滋長，並且比過去發展得更強大且更富有生產力。

THINK · FEEL · DO

　　今天，檢視自己的內心還緊抓著哪些過去的人不放。這份執著，讓你在現在的關係中無法更上一層樓，也阻礙你向前移動。你要帶有意願地放下舊愛，它們雖然是上蒼賜予你的美好禮物，但不應該用來牽絆你現在的幸福。帶有意願地放下執著，並且在當下收進幸福。

　　你可能會發現你執著的不見得是過去的那段關係，而是執著它所具備的某種特質。帶有意願地將這些特質交託給你的高層心靈，讓它替你放下。

我緊抓不放的每段舊愛

都會讓我無法在現任關係中邁出下一步

When I feel overwhelmed by my partner's needs, I become a channel for heaven's grace.

149 秋

當我感覺被伴侶的需求淹沒時

我便成為上蒼恩典的管道

有時候我們感覺實在太累，仿佛一個自己不夠用，無法滿足、幫助或照顧我們的伴侶。當我們感到筋疲力盡時，就該呼求上蒼的幫助，讓宇宙的能量傾瀉而下，透過我們流進另一半的身體。

當我們再也沒有前進的力氣時，允許彼此的夥伴關係推動我們向前。允許上蒼的愛經由我們流瀉而出，充滿我們的伴侶和自己，這樣我們才不會感到被榨乾。如果我們只靠自己的能量，有時短短幾分鐘就會感覺被掏空了，但藉由接通宇宙之能，我們將有足夠的恩典餵飽每個人。

THINK · FEEL · DO

今天，想一個你身邊需索無度的人。想像宇宙的大能流經你，再充滿他／她，想像這股能量一整天都源源不斷地流經你，傳送給你身邊有需要的人。注意，能量從你流進他人身體時，你也充盈起來了。

If my relationship feels dead, there is hidden competition.

150 秋

關係中的死寂總是隱藏了細微或明顯的競爭。請你非常、非常仔細地看好了，因為競爭會讓我們覺得自己比另一半好一點或更有道理，也會讓我們覺得自己是最棒的，值得得到更好的支持。但這些感覺會阻礙我們向前，因為競爭只會帶來分裂和隔閡。有隔閡的地方就沒有接觸，因此會變得死寂一片。請帶有意願地脫離競爭，走上共同合作的道路，我們便能自然地與伴侶和諧共進。

THINK · FEEL · DO

今天，探索你關係中的死寂區塊，帶有意願地認識到那是你們有所競爭的地方。你在哪些地方占上風？帶有意願地和伴侶溝通這些競爭意識，然後放下。向伴侶做出承諾，好讓你、你的伴侶和你們的關係能夠向前移動。

皆因背後藏有競爭

如果關係死氣沉沉

All relationships are no-fault relationships.

所有關係都沒有錯

151 秋

　　根據當下不同的內、外在環境，其實每個人都已盡力而為。如果我們開始將關係視為毫無缺點，也不認為有人該受責罵，我們就能以嶄新、屬真的眼光看待生命中的每一段關係。每當出現責怪的時候，關係就會停止成長，並走向死亡。我們在他人身上看到的缺點，其實映射了我們內在隱藏的缺點。如果將所有關係都視為無缺點的，我們就能持續在所有關係中成長進步。

THINK · FEEL · DO

　　今天，下定決心將你的所有關係都視為無缺點的。將你責備他人的地方列一張清單，你可能會發現自己對周遭的人都或多或少有所評斷或責備。帶有意願地看到他們和你自己都是純真無罪的，這會讓你們都能向前移動並領受更多生命的智慧。

Everything that happens in a relationship has two sources.

152 秋

很多時候，我們對另一半有所怨懟，因為我們認定他們對我們做了不該做的事。隨著我們越來越熟悉自己的下意識心靈，就會認識到除了自己，沒人能對我們怎麼樣。關係中發生的所有事情都是某種共謀。

當一段關係真的走到盡頭時，某種程度上是雙方都選擇要結束它了。從下意識的層次來說，一方選擇當壞人，做獨立的那一個；另一方就會成為依賴的一方，承受心碎或百般依賴的心情。雙方都會選擇最有利於自己的角色來結束關係，所有的發生都是選擇的結果。

THINK・FEEL・DO

今天，想出三件你自己最不希望發生的事情。從第一件事開始，想像你希望它發生的情境，現在你知道你的意識不想要，但就當時所有情況考量，它會發生是因為有一部分的你選擇要它發生，那部分的你認為那才是最好的結果。

現在請和那部分的你對話，找到讓你做出那項決定的真正原因。這件事背後的目的是什麼？發生這樣的事讓你可以做哪些事？讓你不需要做哪些事？假裝你自己完全成為那個部分，聆聽心靈的聲音，你將找到自己創造那件事的潛在動機。但無論如何該放下一切、向前移動了，這樣才會讓你在現在的關係中更快樂。

關係中發生的所有事情 雙方皆有責任

The amount of recognition I receive is to the amount I recognize myself.

153 秋

我得到多少賞識

反映了我對自己的賞識程度

我們能從他人那邊獲得多少肯定，和我們對自己的肯定程度有直接關係。同樣的道理，我們收進多少賞識，其實反映了我們自我賞識的程度。他人為我們映射出我們的自我認知，因此若我們不看重自己，就絕對看不到別人對我們的欣賞。

THINK · FEEL · DO

今天，花些時間看看你從外在世界收進多少肯定或賞識。然後將今天剩下來的時間都用來好好重視自己，對自己付出。

The amount of approval I receive is the amount I give to others.

154 秋

我們給出的肯定、友誼與愛，會成為將來我們回收的禮物。當我們給予他人賞識，我們自己也得到賞識；當我們和他人分享自己的天賦時，覺得自己也才華洋溢。我們一生中收進的肯定，反映出我們對身邊的人不評斷的程度，而當我們對他人付出時，他們自然會報以肯定、賞識和愛。

THINK · FEEL · DO

今天，在你覺得生命中缺少賞識的地方，為他人付出，尤其是為那些讓你極度渴望獲得賞識的人。

我收進來的肯定
等於我給出去的肯定

Guilt holds back my power.

讓我無法發揮力量

155秋

　　人退縮的程度反映出他心裡有多少罪疚感。當我們退縮的時候,是在自我懲罰,同時牽制自己的力量。當我們有罪疚感,從某種程度上來說是因為我們覺得自己很糟糕,我們不允許自己向前移動,以免自己醜態畢露。因此,我們保持退縮不前,有時候甚至主動發動攻擊。但要注意的是,攻擊這種支配形式只會顯現我們的無力和恐懼。

THINK · FEEL · DO

　　今天,找出所有糟糕或罪疚的感受,將它們都交託到上蒼的手中。在上蒼的手裡,你只能是純真無罪的。想像你將自己的罪疚感放在一艘小船上,送之遠行。隨著小船順流而下,河水洗滌了你心靈中的所有罪疚,讓你能夠重獲自由,向前出發。給自己一個深呼吸,感覺所有空氣流進肺臟,感覺你的生命中能有多麼豐富的領受,感覺你能允許自己多麼自然地做自己,表達自己,施展自己的力量。

Any problem outside me can be healed within my relationship.

156 秒

　　關係之外的所有問題都能在關係中被療癒，關係之外的所有事物都如同隱喻，映射出我們在關係中的心靈狀態。

　　若周遭出現匱乏，代表我們的關係也是匱乏的，表示我們該真正地去付出和領受，而不是陷入犧牲裡，落得筋疲力盡。所有外在問題都指向我們關係中尚未連結的一處，只要我們能彼此連結，並且在關係中找到新的喜樂，就能達到新一層級的夥伴關係和共同創造關係，關係之外的其他問題也會開始獲得療癒。關係中最深刻且最具威力的秘密就是，它有力量療癒我們周遭的所有問題，無論這個問題的根源有多麼深遠。

THINK · FEEL · DO

　　今天，選擇一項你想要療癒的問題，也許它是你想和另一半共同解決的問題，你可以先在自己的心靈裡進行。想像這個問題卡在你和伴侶之間，這個問題的用意，就是將雙方關係中的結合點藏匿起來。但溝通可以讓你們彼此靠近，穿越這個問題。你們應該視彼此的連結為首要任務，別讓問題造成兩人的分裂。有時候，你甚至可能找到關係中尚未連結的部分，例如在親密、溝通或性能量上，而當你嘗試在這些方面連結時，你將發現創造力在你和你的關係中無所不在，它不僅療癒了問題，也療癒了世界。

外在的所有問題

都能在我的關係中獲得療癒

在關係中　我可以選擇

製造鬧劇或發揮創意

157 秋

　　我們在關係中製造鬧劇通常有兩種原因：一種是關係中的雙方陷在權力鬥爭之中，一方或雙方都使用大量戲劇化的方式表達自己的觀點；另一種則是這段關係似乎死氣沉沉，所以我們想製造些鬧劇來打破死寂的氣氛。然而不幸的是，所有的權力鬥爭和所有形式的死寂都只是在逃避我們自己的創造力。

THINK · FEEL · DO

　　今天，專注於你關係中的一個區塊，那是你感到衝突或死寂沉沉的地方。想像你在自己的內在漂浮，穿過衝突或死寂感，進入更深的層次。在更深的層次裡，有個事物正在召喚你發揮創意，它會讓你感到真正的充實和滿足。感覺這份創意的能量在你體內蓬勃生長，同時等待著向外發揮，在你的生命中發揚光大。

"Note

The helper role comes from believing I am destructive.

助人者的角色

來自我相信自己具有破壞性

每個覺得自己不得不擔任療癒者角色（醫生、護士、治療師、神父、牧師、靈媒）的人，從精神動力的角度來看，他們內心都認定自己曾為人帶來痛苦。我們心感罪疚，是因為自己在別人最需要幫助時無能為力，或是孩提時代，曾因為周遭的災難、疾病和死亡而自責不已，從那之後，我們開始扮演起療癒者的角色。

而現在，自身的罪疚感常常讓我們每個人在不同的時間點，都要扮演起犧牲者或助人者的角色。這也是為什麼，有時候我們幫助了九十九個人，但只要遺漏了一個，我們就會充滿罪疚感，覺得自己根本無力幫助他人。這充分說明我們其實已陷在助人者的角色裡頭。

相信自己有罪是種誤解，然而內在小孩卻不知道這一點。我們所扮演的角色只是對罪疚感、對自己的錯、對自己具有的破壞性的一種心理補償。角色阻礙我們的領受，也讓我們無法向前移動，以幫助更多人。幫助他人的最佳方式就是幫助自己。向前跨出一大步，從助人者的角色脫離，完全療癒自己，我們才能幫助更多人，也才能夠從生命中領受更

多。自我的療癒，讓我們有力量和願景去幫助更多的人，也讓我們得以脫離關係中的角色，對另一半更有回應力，也更能領受來自伴侶和世界的愛及感激。

　　今天，檢視你正在扮演的助人者的角色，問問自己：「我是何時開始相信這是我的錯？我何時開始認定我無能為力？我何時開始相信自己是有破壞性的？」帶領你成年的心靈回到幼年時的場景，再度檢視它們。選擇別再為已發生的事情而責備自己，認識到你對自己的責備並非真相。認識自己，才是問題真正的解藥。

　　這項工作只能由你的生命中心出發去完成，而你離開中心已久，因此你要請求自己的高層力量帶你回到中心，從中心放射出身邊人所需要的事物或特質。這份解藥來自於你是誰，而不是你做了什麼。現在是放下過去的時候了，你就是願景與愛，而願景與愛想要透過你有所表達，找到它們會讓你變得更有效率。一旦你成為已獲得完全療癒的療癒者後，你會開始領受，自然而然就會變得更有效率。

Appreciation is one of the easiest ways to heal anything.

159秒

所有的痛苦、問題或傷害，不論什麼樣的原因，都代表我們就此停止領受，不再往前移動了。當我們困在匱乏的處境中時，感恩能夠重啟療癒過程，將我們導回生命之流中。沒有任何痛苦、問題或傷害能抵禦感恩的力量，它們會消融於無形，使我們得以繼續前進。僅僅透過感恩，我們就能更加享受生命。

THINK · FEEL · DO

今天，儘量向你身邊的每個人表達感恩。感恩你周遭的世界，感恩你被賜予的感官，讓你享受現在吸進來的每一口氣息。如果你和伴侶之間產生問題，就不斷告訴對方你感恩他的地方，直到你的溫暖讓彼此間的問題消融。

無論想要療癒什麼

感恩都是最簡單的方式

The purpose of every enemy is to bring back a long-buried piece of my mind.

160秒

敵人對我們大有助益，只要認識到他們是我們失落已久的化身的一部分，他們就可以成為我們的夥伴。帶有意願地寬恕和信任他們，他們將能帶回我們分裂的那個部分。

這個敵人所挾帶的強大能量，總是為了成就我們對自己的療癒。如果我們不抗拒那份能量，允許它進入我們，就能躍升至意識的更高層次。他們對我們發出的攻擊能量，實際上映射出我們心靈的更深層次。療癒的第一步就是辨識敵人幫助我們看見了什麼。接著，要懂得感恩對方所發射的信號，它讓我們看到那個自己曾經評斷，而後失落許久的自我碎片。當我們懂得感恩，就能收復這個碎片。

THINK · FEEL · DO

今天，檢視一下你的敵人。你在對抗他們的哪些特質？你曾經有過這種行為嗎？如果你不記得曾經有這種行為，你身邊親近的人曾有過這種行為嗎？想想你或他人出現這種行為的原因和心情？

如果你辨識不出是什麼感覺，就問自己：怎樣的感覺會使人出現這種行為？當終於能辨認出這種感覺時，你會發現你和你的敵人擁有的是相同的感受。允許這份感受成為一座慈悲的橋梁，將你和這位曾經勢不兩立的敵人結合起來。你越懂得運用這座橋梁，就越能瞭解彼此並找到你們的共同目的。

敵人存在的目的在於

帶回我心靈深處埋藏已久的一個碎片

Most conflicts are healed by clarifying my experience.

161秒

　　每個衝突都源自於誤解。想要解決衝突，我們首先要將自己的經驗解釋給另一半聽，並仔細聆聽他的經驗，進而才能瞭解怎樣的感受造成了他的行為。當我們釐清自己和其他人的感受，就能夠有效處理約百分之八十五的衝突。藉由全然瞭解彼此的經驗，雙方自然能夠彼此結合，向前移動。

THINK · FEEL · DO

　　今天，在任何你感覺尚未完全解決的情境中，開始和你的伴侶溝通彼此的經驗，對他說出你究竟是怎麼了，同時也要瞭解他是怎麼了，對他來說的意義是什麼，以及為何會有那些行為和感受。儘管處於衝突之中，還是別忘了要重新肯定你的伴侶，看重你們的關係，因為若沒有他們的存在，你還在受苦呢。

大部分衝突都可藉由

釐清經驗得到療癒

If I don't have a relationship, it is because I have closed the door.

162 秋

　　有時，結束一段關係後的痛苦和憤怒會使我們關上心門。我們將所有關係之門都關上，並且完全壓抑某段關係已經結束的事實。一段時間過後，我們又想尋求新的關係，卻發現無論我們花費多少時間、多麼努力，或嘗試過多少方法，似乎都無法找到合適的、能引起我們興趣的人，因為我們已經關上心門。　好消息是我們現在就可以打開心門——使勁地將之敞開、重新開始。

THINK · FEEL · DO

　　今天，如果你沒有處於親密關係之中，是因為你不知在何時關上了心門；如果你已經在一段關係裡，請你檢視目前可能缺少的部分、缺少的某種特質，之所以缺少，是因為你對那份特質關上心門。你為何關上心門？想像你用力將它打開。那是你的心門，如果心門緊鎖，你猜應該如何？鑰匙就在你手上。一旦你敞開心門，你所缺少的就會到來。

如果我一直沒有親密關係

那是因為我緊閉心門

The truth always helps.

真
相
總
是
有
所
助
益

163 秋

　　若我們處於死寂或衝突之中，不知道向何處尋求幫助，我們可以嘗試求助於真相！真相將我們從退縮中拉出來，並推動我們向前，因為那是一種付出。尋求真相不僅要向伴侶傾吐，更要分享我們對事情的深層感受。真相是關鍵，因為它能讓我們自由。

THINK · FEEL · DO

　　今天，將自己從牢籠中釋放。你有哪些真話一直沒說出口？你不敢告訴伴侶或承認事情中的哪些真相？勇敢地說出真相吧。

Keep telling the truth until everyone wins.

164秒

真相不是拿來恫嚇周遭人的工具。真相可以創造全贏的局面，可以整合現狀中的所有觀點。當所有觀點都納入其中後，每個人就都會有動力向前移動。人們總是會在某種情境中受傷的原因就在於，沒有完全說出真相，因此無法全然明白情況，想出解決方案。如果不是你與周遭的人全贏，那就不是最終的真相。

THINK · FEEL · DO

今天，請持續溝通，直到每個人都感覺自己贏了。不要妥協，因為那會讓你覺得自己有所犧牲，而每個人也都會覺得自己輸了。持續溝通，直到所有事情都得到解決。真相表示全贏。

持續說出真相
直到眾人皆贏

The only problem is separation. Love heals separation.

165 秒

分裂是唯一的問題

而愛能療癒分裂

　　如果追溯所有問題最基本的動力，我們會在最底層發現恐懼和分裂。愛能療癒分裂，因此無論是什麼問題，解決方案都很簡單──那就是「愛」。隨著我們療癒分裂、搭建橋梁、創造連結，我們就能穿越問題，與另一半結合。無論表面症狀為何，不論是罪疚、恐懼、疾病或任何會造成分裂感的衝突形式，我們都可以用愛、寬恕、連結作為黏合一切的膠水，而問題就會消失。

THINK · FEEL · DO

　　今天，選擇兩項最大的問題，分別找出其中分裂的部分，並選擇愛作為療癒的方式。給出愛和寬恕，將能創造連結、療癒分裂。而練習把愛當作所有問題的解答，分裂就將自然療癒，問題也會自然消失。

Commitment allows for greater self-expression.

166秒

　　承諾創造出安全、自由和放鬆。當我們有了這些，就更有機會發現自己的天賦，並加以表達。一段互相承諾的關係所帶給我們的安心感就像一張安全網，讓我們能繼續尋找更大的創意和內在更高層次的自我表達。承諾將我們向自己敞開，向自己洋溢的才華敞開。

　　今天，請看重你的伴侶，因為他，讓你在這段感情開始後陸續發展出新的特質。感激伴侶對你的付出，對他表達你的感激，因為你們在關係中的承諾你內在的這些全新特質才有了成長的機會，使你終於能認識它們。

承諾允許更大的自我表達

A broken heart is really a broken expectation.

167 秒

　　心碎其實是期望的破碎，以為其他人會滿足我們的需求，但最後落空了。只有當我們堅持期望並規定伴侶一定要如何表現時，才可能遭遇心碎。當我們有意願放下自己的期望，就有了某種程度的彈性，我們的心自然就不會碎了。

THINK · FEEL · DO

　　今天，檢視哪些事情仍會讓你感到某種形式的心碎，檢視那些仍然令你受苦的過往心碎經驗。瞭解那是因為你對關係有某些未言明的要求，認為一切應該按照你的規矩來，而對方卻沒有依你所想行事，沒有滿足你的需求。帶有意願地放下這一切，好讓自己能夠向前移動及領受，這樣一來你就能感受到失落已久的愛。

If I am attracted to a person, I have a gift for them.

168秒

　　受到某人吸引的事實，讓我們知道自己有禮物可以送給對方。通常，當我們受到某人吸引時，會以為應該是他們有東西要給我們，但真正的喜悅其實是來自於認識這一點：如果我們送出禮物，雙方彼此連結會帶來一種充滿創意的合作。如果我們願意保有誠信地送出禮物，就能和許多充滿喜悅的人享受創意的連結。

　　今天，當你發現自己受到某人吸引時，問問自己：「我有什麼禮物可以送給對方，讓他能夠真的向前移動？」可能只是一份祝福或一份支持的感覺，無論給出什麼，都不要期望得到任何回報。帶著誠信和愛，送出你的禮物，並且享受現在你和他共有的創意連結。

如果我受到某人吸引 代表我有禮物要送給對方

If I give up being right, I will be happy.

169 秒

如果我不堅持自己是對的

就能得到快樂

在任何事件上，堅持己見會讓我們的心門關閉，任何新資訊都進不來。我們自認為擁有自己的答案，不想被其他事實混淆。若我們頑固地堅持自己是對的，其實隱藏自己可能錯得離譜的內在感受。當我們堅持己見，等於是自己選擇不再打開心門去聆聽別人。選擇權在我們手上──要麼堅持自己是對的，要麼打開心門、讓自己開心快樂，但魚與熊掌無法兼得。

THINK · FEEL · DO

今天，找出讓你的生命受困、讓你無法領受的地方。把它們寫下來，並在每個項目的旁邊，寫下你在這件事情中自以為是的地方。帶有意願地放下它們，讓答案自然浮現。帶有意願地放棄無用的防衛──因為你只是用它們來隱藏自己的罪疚感而已，請允許自己開心快樂。

The role gets the reward, while I remain in sacrifice.

170秒

角色讓我們付出，卻什麼都無法領受。扮演這種角色讓我們疲倦不堪、筋疲力盡，因為活在角色裡的我們，發給每個人一手好牌，自己卻可能連牌都沒拿到。

我們想要用角色證明自己，但自我的真相根本無須加以證明，只要我們帶有意願地認識到那本來就是真正的自己。一旦接受這一點，我們自然能夠允許自己領受所有努力該得的報償，並享受我們的伴侶、家庭、工作和生活。我們允許自己享受每一口空氣、每一口食物、所做的每一件事，並且能夠享受給出自己而帶來的喜悅。這時我們出於對的理由而選擇做對的事：並非因為我們應該這麼做，而是因為我們選擇這麼做。

只要是出於應該做的，都會成為一種角色，而角色總是收走我們應得的回報，徒留下筋疲力盡的自己。只要是出於自願選擇的，就成了我們的承諾，我們將為自己收割成果。

THINK・FEEL・DO

今天，檢視你在生命的哪些區塊做著無用功，無法從付出中領受或獲得任何事物。看看你是否陷於某種角色當中，而不是出於選擇地自然給出自己？只要選擇自然給出自己，你就能徹底修正這個情形。讓自己重新選擇，即便是在艱難的情況下，選擇也能賦予你力量。

角色的扮演使我得到
部分報償 但我仍陷於犧牲中

All healing comes from joining.

171 秋

　　如果說所有問題產生的核心都來自分裂，那麼所有的療癒都來自結合。於是，向人靠近就能讓關係向前移動和展開，而不再停滯受困。

　　對於最複雜難解問題的最簡單療癒方法就是結合，它簡單到我們只要走向伴侶，和他們培養感情，然後就能在關係中達到自然連結。如此一來，我們和伴侶就能形成必要的親密感，可以克服或忽略在自然結合狀態下，冒出來擋路的那些零碎瑣事。當我們體驗到自然結合時，所有微不足道的怨懟都會消失不見，自然也不會演變成大問題。

THINK · FEEL · DO

　　今天，請選擇一個重大的問題去療癒它。這個問題中的關鍵人物是誰？向他靠近，直到你感覺自己與他結合。跳開自己的「立場」，帶有意願地去溝通、寬恕，並竭盡所能地與他結合。即使你不同意他所說的每一件事，你還是會再次感受到與他們之間的親近，這樣一來，雙方都能因此得到新的答案。

所有療癒都來自結合

Every birth feels like a death.

172 秋

　　如果我們在夜半時分醒來，會體驗到一種如同自己正在誕生，也如同自己正要死亡的感受。生命中每個誕生或開始的感覺，可能都很像死亡。我們很容易將生命中某個章節的尾聲視作一切的結束。但當我們慢慢瞭解到，生命中某個地方的關閉，將帶來另一個地方的開啟，我們就能比較容易放下舊的，讓新的降臨。只要我們信任看似死亡的地方，它就會成為我們的新生。

THINK・FEEL・DO

　　今天，檢視自己的生命，看看有哪種緣分看似要結束或關閉，學習明白必須了結什麼，才能讓新生降臨。在新生的過程中保持信心，因為你的人生即將展開新的一章。請相信，關係結束與關閉的目的是讓你能發現，往昔餘燼上會有怎樣的新生。

每次誕生都感覺像死亡

I have the resources to meet the needs of every situation.

173 ^秋

我擁有足夠資源

可以滿足每種情況的需求

　　我們永遠不會被丟進超出自己能力的處境之中。每個情況來臨的時機，都恰好是我們能夠超越現狀的時候，我們既能得到療癒性的解答，也能幫助每一個人。對所有重大衝突，我們的心靈都有一處藏著解答。當我們準備好接受下一門功課時，答案自然會現身，我們擁有資源去找到出路。

THINK · FEEL · DO

　　今天，選擇生命中一個看似超出你所能的問題區塊，請求你的高層力量接管並處理它，然後靜觀其變。在接下來的二十四小時內，觀察該情況發生了什麼變化。讓開自己，別擋路，信任問題總會迎刃而解，觀照情況如何開展。

　　結果要麼是整個問題區塊消失無蹤，不然就是其中的一大層會消融於無形。如果只有其中一層得到紓解，繼續呼求高層力量的幫助，直到整個問題的所有層次都獲得療癒。

I can experience guilt only if I am using someone or something to hold myself back.

174 秋

　　罪疚感的目的，在於保護我們不去碰觸自己對向前移動的恐懼。只有在我們利用某人或某事來阻礙自己前進時，才會體驗到罪疚感。當我們瞭解罪疚感的目的只為阻礙自己前進後，就會知道所有使我們感到罪疚的情境其實都來自恐懼。選擇在生命中向前移動，讓我們能夠明白且接受自己的天賦。

THINK · FEEL · DO

　　今天，檢視你仍然會為了什麼感到罪疚？你如何利用罪疚感來牽絆自己？也許你曾在生命的某個時間點，覺得承受不了自己擁有的某項特殊的天賦或能力。而現在，你已經擁有足以面對所有問題的成熟與智慧了。請你在生命中選擇向前移動，再也不要利用罪疚牽絆自己前進的腳步。

只有在利用某人某事來阻礙自己前進時　我才會體驗到罪疚感

I am responsible for my own feelings.

175 秋

我們的感覺來自我們的內在，它們本來就在那裡，是我們自己決定自己如何感受，而非外在的任何人事物。某人讓我們憤怒或受傷的說法，就像是說某人將我們的天靈蓋打開，爬到我們腦袋裡頭，踩下憤怒油門或按下傷痛按鈕一樣。這不是真的，我們可以選擇自己的感受。那些感受是我們剎那間的選擇，因為大部分人都會對外在情境起反應。如果我們內在有痛苦，外在情境自然會觸發它。

如果讓其他人替我們的感受負責，就是將自己變成渺小的受害者。只要我們為自己的感受負起責任，就再也不需要去操縱或改變他人的作為，我們就能明白自己才是改變的關鍵。

THINK · FEEL · DO

今天，承擔起對自己的感受該負的責任。當我們為自己的感受負責，我們在情境中對他人的所有操縱和不良情緒都將無所遁形，並自然被療癒。你的負面感受指向你必須學習的功課，它們代表你被召喚要做改變的地方，也代表療癒將要發生。藉由改變你的感受，你就能療癒自己和情境。

我的感受是自己的責任

Fear is attraction.

176秋

有心理實驗顯示，恐懼是我們創意能量的一部分，當人們的恐懼增加的時候，性能量也會升高。也就是說，我們害怕的事物，會吸引我們。如果我們害怕死亡，就某種程度而言，我們就是在和死亡「調情」。如果我們害怕有些事發生在伴侶身上，就某程度而言，是我們渴望那件事發生。

這是我們心靈中隱藏最深的一部分，當然，我們自然會想將其壓制住。然而，壓抑讓我們陷入自己創造出來的黑暗之中，因為恐懼就和愛與仇恨一樣可以創造。帶有意願地將我們心靈隱藏的部分攤在陽光下，將能創造療癒。

THINK · FEEL · DO

今天，看看你在恐懼什麼，其中隱藏了怎樣的吸引力？把你的恐懼看作你的渴望。當你將恐懼攤在陽光下，並且承認在某種程度上這正是你自己想要的，那麼你就能將之轉變為你真正想要的情況。這樣的選擇讓你不再心靈分裂，不再恐懼結果。相反，你的知識將會把你心靈的黑暗面攤到陽光下，創造出療癒。

恐懼是吸引力

我敞開的程度 便是我啟發他人的程度

177 秒

我們許多人會害怕揭露自己，我們只把良善和貼心的一面示人。如果我們分享自己真正的感受，包括把自己害怕、羞愧或覺得很糟糕的地方説出來，我們會發現自己的真實和誠信能夠啟發他人，讓他們向我們靠近。矛盾的是，我們隱藏自己的一面好讓人們喜歡自己，但實際上只有揭露那一面才能讓我們與他人有真正的接觸。

THINK · FEEL · DO

今天，分享你真實的經驗，讓自己真實起來。不要試著將它均質化、消毒或包裝在一層「大善人」的玻璃紙下；不要為了操縱或改變任何人而分享，相反，是為了改變自己、向他人靠近而分享。將你經驗中的精髓分享出來，而你身邊的人，在經過一開始的震驚之後，就會感覺受到啟發、向前移動。

178 秋

當在事業上遭遇問題時，代表我們對父親心有怨懟，這是我們尚未寬恕父親的地方。若願意寬恕父親，我們就能在事業上向前邁進。

許多人都感覺得不到父親的支持、認可和理解，仿佛我們受到了父親的攻擊。只有當我們自己好競爭時，才會感到自己父親的競爭。在很深的層次上，只有當我們希望父親失敗，我們才會看見他的失敗。我們的父親只能是我們讓他成為的樣子，帶著這份理解，我們就能選擇對他付出。隨著我們對父親付出，我們會發現所有的權威人物都有了新的面貌。我們的父親和事業代表了我們的陽剛面，隨著我們寬恕父親、對他付出，我們的事業也將對我們敞開，並大放光彩。

THINK · FEEL · DO

今天，用嶄新的眼光看待你的父親。記得你對他的付出，預言了你的成功。即使他已經過世，你仍然能夠寬恕並對他付出。隨著你對他的付出，你內在的父親增強，你的陽剛面也會進而支持你。無論你的父親身在何方，他都會因你的理解而感受到祝福。

我要寬恕自己的父親

要清除我事業中的問題

The purpose of relationships are for bonding all the fractured pieces.

關係的目的在於 連接所有的碎片

179秒

每當我們被壓垮或受創傷時，就代表當時的我們有某個功課沒學會，從而在我們內心製造出碎片。在那些地方，我們其實有機會踏入更高層次的愛、理解和連結。不過，我們仍未完全喪失學習的機會，因為那些考驗會在現在的關係中被重新創造、呈現。我們的關係就是工作坊，讓我們可以再次接受功課與學習，並且重整所有碎片。

THINK · FEEL · DO

今天，檢視所有的衝突情況，明白這些其實是你重新接受考驗的時候。你第一次沒有通過，但現在你有機會重新接受考驗，而且這次要一舉通過。有時候，當尚未學會的功課重新出現時，你覺得它們像是一次試煉而不是小小的考驗，但你是可以成功的。請求老天的幫助，儘量用溝通和回應力來回應那個情境，若有必要的話可以道歉。你將發現自己學會了這一課，並且能夠向前移動。

Everyone who comes to me for help is coming to save me.

180 秋

　　有人前來尋求我們的幫助，他們其實是要來幫助我們療癒自己的一部分，通常我們甚至不知道自己的那部分已經受傷了。很多時候，當我們表面上療癒了，內在的傷痛其實仍未了結。覺察到對方是前來拯救我們的，在我們幫助他們的過程中，會發現我們提出的建議就是我們自己最需要聽到的。讓自己也聽取那個建議，當作是給自己的訊息，這樣一來我們的傷也能得到療癒，所有人都會得到拯救。

THINK · FEEL · DO

　　今天，特別感謝那些前來找你幫忙的人。回應他們，明白他們其實帶回了你缺失的一個碎片，收回這一碎片，將會帶領你到達更高層次的成功。

所有向我請求幫助的人

都是為了拯救我

181 秋

我們拒絕父母的部分，其實是我們將不喜歡自己的部分投射到他們身上。父母代表我們的內在世界、我們的潛意識心靈，他們是我們心靈中最關鍵的兩大投射，可以進行療癒。我們拒絕的所有部分都是未學完的功課，它們會不斷糾纏我們，直到我們學會為止。由於這部分心靈尚未療癒，我們將相同的事物投射至伴侶身上，由對方表現出來，直到我們學會那一課。如果我們持續拒絕，問題會持續騷擾我們，甚至越演越烈，讓我們再也無法忽視。

現在正是時候，寬恕或整合我們拒絕的部分，好讓評斷和自我評斷都消散。

THINK · FEEL · DO

今天是學會功課的時候。請求幫助、敞開心胸，讓自己變得更有回應力一些，不要輕易做出評斷。現在，你可以撕下自己逼迫伴侶戴上的面具，感覺你的心流淌而出，與你的伴侶相會。隨著面具消逝，你會發現需要愛的那部分自己，請對那部分付出它渴求已久的愛。若那是個孩子，好好愛他直到他成長到你目前的年紀。然後他會融化進你的內在，將斷裂已久的線路重新連結上。當你不再拿對抗父母和伴侶的部分來對抗自己時，所有人都能自由。

我拒絕父母的部分 將會在伴侶身上顯現

When a problem in my relationship feels beyond me, I ask for heaven's help.

182 秋

我們都遇到過感覺超出自己所能的問題。這些衝突如此令人痛苦,當我們深陷其中時,我們感覺自己沒有資源可用,也沒有面對它們的力量與勇氣。這時可以尋求上蒼的幫助來療癒它。當我們學習和伴侶建立夥伴關係時,我們也同時學習和自己的創造力及上蒼建立夥伴關係。尋求上蒼的幫助讓我們得以清除眼前的問題,無論多難的問題都可迎刃而解。

THINK · FEEL · DO

今天,帶有意願地領受上蒼的給予。無論問題看來多麼嚴重,請尋求幫助,敞開心胸並領受上蒼給你的恩典。當你這麼做的時候,你和你的伴侶就都向前移動了。

當感覺關係中的問題超出我所能處理的範圍時 我便尋求上蒼的幫助

冬

芳華褪盡，天地蒼茫。

我們藉著闌珊的燈火，
在雪地中踽踽獨行。
我們埋怨冬風凜冽、冷月相隨，
卻忘了愛，如暗香盈袖。

If I want the best in my relationship, I give my best.

183 念

　　我們在關係中領受到的事物，能讓我們明白自己給出了什麼。既然我們想在關係中獲得最棒的體驗，我們就要先給出最棒的自己才行。給出最棒的自己讓我們能享受最棒的他人。給出最棒的自己可以開啟關係中那扇虛掩的門，讓新的禮物、樂趣、愉悅能出現在關係裡。

THINK · FEEL · DO

　　今天，給出最棒的自己。給出你的心、你的全部，然後你會看到，這是多棒的一天！

如果我想獲得最棒的關係
就給出最棒的自己

"Note

Pain is the energy I need to hold on to negative thoughts about myself.

痛苦是我需要的能量

好讓我抓住對自己的負面想法

184 念

　　如果我們願意釋放自己的痛苦，那麼我們的負面想法或自我概念就自然會轉變。痛苦的能量會成為負面自我概念的燃料，因此若沒有痛苦，自我毀滅的模式便無以為繼。當我們帶有意願地經驗痛苦直到它消失，就能釋放內心中限制我們的能量。相反，放下那些負面的想法可以輕易將我們從痛苦中釋放。

THINK · FEEL · DO

　　今天，帶有意願地放下痛苦，你一直利用那份痛苦來抓住自己的負面想法。明白你一直在利用負面想法或自我概念來阻礙自己前進，因為你害怕面對會讓自己更加開心的事物。放下那些負面的自我概念，然後發現自己擁有更大的能力去領受和享受自己。

What I resist in another is what I am resisting in myself.

185 意

我們不喜歡他人的部分就是我們不喜歡自己的部分。我們的抗拒顯露出我們下意識的心靈狀態，它讓我們看到我們曾經對自己所做的評斷，那些本來被我們深埋心底的評斷如今重見天日。我們拒絕那部分的自己，並將它投射到他人身上。如果我們願意停止抗拒這部分的自己並去理解它，那麼我們不喜歡的那個人似乎也會在我們眼前有所改變。而且我們會發現自己和對方一起向前移動了。

THINK · FEEL · DO

今天，檢視你對某個人的抗拒。帶有意願地明白，你的抗拒其實是自己的一部分在抗拒另外一部分。承認你掩埋已久的這部分，全然感覺它在你之內，並且持續承認它的存在，直到將你心中的不舒服轉為接受。接受之後，你將感到自由，那個人也同樣會得到自由。

我抗拒他人的部分 就是我抗拒自己的部分

Happiness that comes from within cannot be lost.

186 倍

發
自
內
在
的
快
樂
不
會
失
去

我們內在所產生的快樂是無法被奪走的。但若我們的快樂仰賴於外在事物，當外界有所改變時，我們就會失去快樂。只要我們願意持續創造內在的快樂並去付出，那麼即使面臨艱巨的時刻，關係中的幸福快樂仍會一直存在，不會失去。當我們能給出愛和快樂，特別是在艱難的情況下，我們就能快速地療癒療癒和成長，喜樂也會增加。

THINK · FEEL · DO

今天，看看你的哪些快樂是仰賴於外界事物。稍微做些小轉變，從自己內在給出那些快樂。當你創造快樂時，所有人都能獲益，得到滋養，同時向前移動。

If anything I do is hard work, I am stuck in a role.

187天

若我們做某些事時感覺像在做苦工，一定是哪裡有問題。角色的目的在於證明我們有多麼好，我們的道德有多麼高尚，為了證明這一點，我們必須更辛苦、更努力。我們發現自己在解釋一切有多艱辛而自己又是如何克服萬難時，只為了贏得周遭人的讚賞。

苦工大多靠的是我們的獨立，試圖要一人獨攬責任，將一切都扛在肩上，然而這樣的行為只是在遮掩自己的罪疚感。長期而言，這只會讓事情停滯不前。當我們不再像頭驢般只會苦幹蠻幹，反而更能成為核心的資源。我們早已是自己嘗試去證明的樣子，回歸到最終本質，我們真的是良善美好的。只要我們不再試圖加以證明，放下我們對它的罪疚感，困難自會迎刃而解，一切都會變得更加容易。

THINK · FEEL · DO

今天，檢視你生命中看似困難的情況，哪些是讓你額外做苦工的地方。請求老天的幫助，允許祂的恩典透過你流進那些情況中，請求並允許周遭的人幫助你。放下罪疚感，讓自己自由。盡你所能地付出，給出你被召喚要給予的，但不要把所有責任都攬在自己肩上。心靈的敞開與恩典的接受將給你帶來豐富的資源，並讓所有人自由。

如果我在做苦工　是因為我被困在角色裡

The biggest secret of an independent person is that they have not let go of someone from the past.

188 章

是還沒放下故人

獨立的人最大的秘密

我們獨立的原因是我們仍然執著於一位故人。如果我們負向地執著於這個人，可能是因為他曾經讓我們心碎，但我們心中沒有放下。對當時經驗的拒絕讓我們繼續保持獨立，同時也讓我們無法朝交互依靠和真愛移動。如果我們是正向的執著，在某種程度上，心中還是會幻想破鏡重圓或那個人突然回心轉意。當然，執著於這些正向想像，反而讓它們無法在現在發生。只要我們放下正向和負向的執著，我們就能領受現在關係中的生機和喜悅。

THINK · FEEL · DO

今天放下你所執著的人。隨著放下他們，敞開自己，你就可以擁抱新的機會或失落的感受。感覺心中的恐懼、失落或任何其他的痛苦感受，直到它們消失。當這些痛苦的感覺消失時，你就能感覺到，美好的事物即將來到你的面前。

All pain comes from attachment.

189 念

當我們失去自己所執著的事物時，就會感到痛苦，然而，我們彼此真正有所連結的地方絕對不會失去，我們給出的愛永遠不會失落。

放下執著是讓我們遠離痛苦的關鍵。帶有意願地和對方連結，而不是執著於某些人或某種情境，會讓我們懂得享受現在與身邊的人在一起的時刻。即使他們改變並已經展開了自己的人生，我們也能不因此感到痛苦。放下執著將有助於將你的痛苦從經驗中抽離，因為我們能夠領受和享受。

THINK · FEEL · DO

今天，在所有讓你感到痛苦的地方問自己：「我在執著什麼？」然後，看看你現在執著的地方，那些就是你在未來可能會感受到痛苦的來源。帶有意願地放下這些執著，並且和身邊的愛人真正連結。帶有意願地向他們給出你的愛，然後你會感到自己向前移動了。

所有痛苦都來自於執著

If it hurts it isn't love.

會痛的不是愛

190 念

　　不管眾多的情歌、愛情小説或浪漫電影是怎麼説的，會痛的都不是愛。只有我們的需求會產生痛，只有我們得不到想要的才會產生痛。愛不會痛，因為那是一種會帶來喜悦的接觸。當我們退縮、畏懼或抽離，那才是痛的來源。當我們的需求得不到滿足時，會痛；當關係中某些事物碰觸到了舊傷口，我們會痛。

　　愛不會讓我們痛，它只會使我們擴展。有時候當我們的心擴展時，感覺可能有點像痛，但那其實是惆悵的感動——我們的心靈在愛和感激中成長、豐富。惆悵的感動是你的心在跛行了很長一段時間之後，終於重新開始舞動。隨著我們的心和愛一起擴展變大，就會產生一種真正甜美的感受。

THINK · FEEL · DO

今天，檢視你在哪些情況下嘗試用痛的程度來衡量愛的程度？你在哪些地方將需求粉飾為愛，然後又嘗試讓其他人以類似的方式回應？帶有意願地放下那些需求，好讓你能向前移動並和伴侶接觸，並不是接觸你期待中的他們的樣子，而是他們真正的模樣。

The less I defend myself, the safer I am.

191

　　每次自我防衛都會帶來攻擊。我們愈防衛，就會製造出越多迎面而來的攻訐。自我防衛的目的在於掩蓋過去的痛苦，但卻使現在的我們深受其毒害。若我們遭受外界攻擊卻不懼怕感受隨之而來的感覺，攻擊反而可帶來療癒。

　　大多數痛苦來自過去，而攻擊會讓我們感覺受到毒害。當面對外在攻擊時，唯有不防衛才能讓我們取得最後的勝利。畢竟，真理是無須防衛的，唯有藏著痛苦和分離的小我才需要防衛。敞開心胸是溝通的核心，它是一種給予的能力，也讓我們無須任何理由就能做自己。當我們放下自我防衛時，才能獲得另一件禮物──周遭人的支持。

THINK · FEEL · DO

今天，盡你所能地對所有事件採取不自我防衛的態度。每一個到來的外在事件都足以為師。你的敞開將以最溫柔的方式為你帶來所有的教導。

Fear is almost excitement.

恐懼幾近於興奮

192 倉

　　如果我們仔細觀察恐懼，就會發現恐懼背後是一股嘗試穿越我們身體的能量，而恐懼就是抗拒那份能量的穿越。當我們願意讓它流經我們時，那它就會成為一股興奮感。

　　每一年人們花上數百萬美金嘗試在生活中創造興奮，我們從飛機上往下跳傘、攀越崇山峻嶺、觀賞恐怖電影，無所不用其極地創造出各種興奮感，但其實我們只要看看什麼東西使我們驚恐就好了。當我們停止抗拒時，就能讓恐懼的能量流過我們，就能為我們帶來興奮。

THINK · FEEL · DO

　　今天，花些時間看看你在害怕什麼，看看能量卡在身體的哪個部位。然後，帶有意願地讓它在體內上升，直到流出你的頭頂。這將會是讓你興奮不已的一天。

Loss is almost a new beginning.

193 念

失落能夠一掃我們生活檯面上的雜物。它教導我們,我們依附的事物不見得能夠永遠支持我們。失落是新開始的第一步。如果我們陷溺於哀悼之中、不肯放下過往,或跌落憂鬱的谷底,藉此作為不往前移動的藉口,我們就無法開創新局。就好比我們如果抗拒夜晚,就無法看到夜盡後的曙光,我們需要成長、成熟和向前移動,才能替自己創造新生。

THINK · FEEL · DO

今天,明白你所有的失落其實都是新的開始。帶有意願地放下所有失落,讓新生得以浮現。這樣一來,下一份美好的事物就會降臨。

失落幾近於新的開始

傷痛幾近於溫柔

194 宮

　　如果我們不抗拒傷痛的感覺，心靈不轉而向內逃避收縮，那我們就能經驗到傷痛帶來的溫柔美好的感受。未經抗拒的傷痛會在我們的心上打開一個口，而過往的痛苦將能汩汩流出、得到療癒。

THINK · FEEL · DO

今天，不要抗拒受傷的感覺。讓傷痛之口唱出你心靈的歌曲。

Guilt is blocked wisdom.

195 念

罪疚感是一種讓我們遠離待學功課的方法。當犯錯時，我們會攻擊和懲罰自己，企圖為錯誤付出代價，但是罪疚感使我們停滯不前。如果我們小時候每犯一個錯就將自己痛打一頓，那估計我們到現在都還沒學會走路。每個功課都需要被學習，而我們的罪疚感會將一門門尚未學完的功課呈現於我們前面。

罪疚感幾乎等同於智慧，但在功課學成之前，它只是我們不願意對人事物做出簡單修正而進行的自我懲罰。若我們願意學習那一課，錯誤自然會得到修正，我們自然會擁有更多知識和智慧。

THINK · FEEL · DO

今天，看看你在哪些地方感到有罪疚感。請求它協助你看清生命所欲教導你的功課，並且帶有意願地學習這門功課。當你學會這一課，你自然會在更高的智慧之中得到釋放。

罪疚感是受到阻礙的智慧

Sacrifice is almost love.

犧
牲
幾
近
於
愛

196 度

　　犧牲包含了我們給予的渴望，但卻遺漏了一個非常重要的因素——我們自己。犧牲只會透過角色出現，但真正的我們其實根本不在角色裡，因此角色只會付出，卻什麼也收不進來。犧牲誘騙我們的伴侶，讓他們失去對我們回報的能力，同時也讓他們無法領受到我們的天賦所富含的價值，因為如果我們貶低自己，就沒有什麼值得對方領受的地方。

　　看重自己將能扭轉犧牲的境地，並把差一點就是愛的愛轉變為真愛。在我們的付出之中，給出自己是最棒的禮物，因為這也讓我們能夠領受，代表總是有更多能夠付出和領受的事物。

THINK · FEEL · DO

　　今天，看看你的哪些部分是處於犧牲的狀態之中。發現自己哪一部分有所保留，並反向選擇，全然付出。在全然給出自己的同時，你也能全然領受到你應得的愛。

Disappointment is almost release.

197 倉

失望是釋放的第一步。不幸的是，大部分人總是停在當下的失望之中，只因為事情的發展不如我們的意。如果我們願意體驗失望和其中的需求，然後放下，我們就能離開壓力、走向成功，我們就能不再逆流而上。

我們要能夠聆聽生命的旋律，而不是試圖將生命擠壓進我們的觀念裡。失望讓我們瞭解自己對於生命抱持的圖像並不屬真（符合真理的），隨著放下失望，我們將能領受到生命真正的意義。我們將成為一隻空玻璃杯，隨時等待被填滿，而不是一隻裝滿的杯子，無法再接納任何新事物。

THINK · FEEL · DO

今天，想像你是一隻玻璃杯。清除所有的失望，準備好迎接生命智慧的澆灌。

失望幾近於釋放

挫敗幾近於理解

Frustration is almost understanding.

198 章

挫敗源於事情不如自己預期，沒有按照我們覺得正確和最佳的方式發展，我們因為期望落空而感到失望。但隨著我們願意穿越自己的挫敗，就能有機會全然理解自己的處境。挫敗讓我們看到自己的理解並不完全，我們對自己的伴侶、現在的情況或我們自己仍有些尚未全然理解的地方。當我們選擇不要半途而廢，不接受未被理解的狀態時，我們就能完成迴圈，打開挫敗這個牢籠的大門。

THINK · FEEL · DO

今天，在你感覺挫敗的地方，尋找一份更深的理解。請求更深的覺察力教導你。所有的覺察都能創造出一道能量流，推送你向前，而你的理解將是那把鑰匙。

It is impossible to feel fear in the present moment.

199

只有我們想活在未來的時候才會產生恐懼。我們試圖在現在活出未來是不可能的，只會製造緊繃和恐懼。

在任何艱困的處境下，即使我們只是想多往前五分鐘，都會替自己製造出許多恐懼。若是活在未來而非活在現在，我們只能期望未來和過去如出一轍，因為我們只能給予未來我們的過去。然而，如果我們全然活在當下，就能將此刻獻給未來，內心的恐懼自然會消失無蹤。若全然活在當下，無論情況看來如何困難，我們都不用擔憂自己的未來，因此可以毫無恐懼，因為當下是釋放和付出的時刻，我們會藉此打開永恆和愛之門，而非恐懼之門。

THINK · FEEL · DO

今天，看看你在哪些方面是活在未來裡，並因此替自己製造出各式各樣的恐懼。帶有意願地活在當下，讓未來自行打理自己。如同我在《奇蹟課程》中所說的：「將未來託付於神之手」，然後活在每一個當下，全然享受當下。臨在、活在當下，並領受每個當下的富饒和蜜汁。啜飲愉快！

在當下不可能感覺到恐懼

當
受
害
者
是
一
種
攻
擊

200 區

　　所有人都曾經當過受害者。通常，那些是我們生命中最痛苦的創傷時刻，因為那些事件讓我們措手不及，甚至痛擊我們的弱點。我們似乎總在某處未想到的地方遭受攻擊。然而要想收穫什麼就先播下什麼種子，然而在受害者的情境之中，仍然是暗潮洶湧。受害者其實和加害者一樣暴力，加害者送出暴力，而受害者首先將暴力投向自己，接著再投向他人。

　　每當我們淪為受害者，我們就是在攻擊對自己重要的某個人，哪怕這個人早已過世，但通常我們攻擊的會是現在仍在身旁的人。受害者處於一種無覺知狀態，一種待在憤怒之中的狀態。從最深的形而上層次來說，這是一種攻擊的方式，像在說：「看著好了，神，我會讓你瞧瞧你不是個好神！我將在你的地球上受苦和不開心！」若我們能放下不做受害者，不再透過攻擊自己來攻擊他人，我們將開始願意領受，並被富足、愛和支持所環繞。

THINK · FEEL · DO

　　今天，花些時間坐下來，寫下你是受害者的十大事件。在每個事件旁邊，寫下當時你在攻擊誰，又是為了什麼原因而攻擊對方。承認在你和對方的權力鬥爭之中，自己成為受害者是很自然的事。做出選擇，你想不想讓攻擊持續下去。如果你仍然將自己在攻擊誰這件事當作瞞著自己的秘密，那你就仍然有受害者的成分，攻擊也仍將持續。它正牽絆著你，因此請呼求協助，好辨認出這個人是誰。選擇停止攻擊，進而釋放自己和所有相關的人。

Trust mends old heartbreaks.

201 信

在所有令人恐懼的問題中，信任即是解答。信任是自信最重要的元素，信任利用心靈的力量做出最佳的選擇，明白看起來黑暗或痛苦的情況終將得到轉化。信任是療癒解離的最佳良方，它能夠帶回感覺，並且讓關係中出現溫柔和安全，它修補了我們舊有的心碎。

信任療癒一切，但不要將信任和控制結果混為一談，信任也不等同於要控制答案將如何出現。信任的工作只是選擇並相信一切都將有最好的結果。當懷疑或痛苦偷襲時，信任會做出會帶來平安的選擇，但它並非一派天真無知。天真無知通常會導致心碎，相反，信任明白痛苦可能會出現，而且不認為自己能夠掌控情況最終或之後的發展，但信任明白，就長期而言，那些痛苦的元素實質上都是有助益的。信任就是意識到我們無論身處何處都擁有力量，它能夠滋養我們並保護我們的安全。信任可以是我們一直渴望的母親。

THINK · FEEL · DO

今天，運用你的心靈力量去轉化任何情境。選擇一個需要被轉化的情境並信任它，在轉化過程中加入心靈的力量，相信無論情況看來如何，信任總會讓你化險為夷。

信任可以修補舊心碎

所有的心碎都暗藏競爭

202 島

　　心碎是因為我們嘗試從伴侶那邊索取些什麼。如果我們是真心付出，就不可能經歷心碎，但如果是因有所求而給出自己，付出就變成一種索取，那我們就有可能心碎。

　　心碎是一種嘗試從伴侶身上索取的方式。當我們和伴侶互相競爭，彼此都想要滿足自己的需求，其中一人或是兩人會開始變得非常獨立，因此當他們不順我們的意時，我們便退縮、攻擊或埋伏。但這場持續的競爭創造出更大的痛苦，直到最後有人心碎。

　　帶有意願地承認我們是在公開或是秘密地彼此競爭，這樣就能轉化權力鬥爭的關係，讓我們和伴侶達到雙贏，兩人的需求也都會得到滿足。在任何艱難的情境中，這種轉化都能透過雙方的對話發生。當你全然地給出自己並且放下自我需求的執著，就能在關係中創造出重大的新生，同時打開領受而非索取的大門。

THINK · FEEL · DO

　　今天，看看你在哪些方面和伴侶競爭。選擇放下並真正對伴侶付出。這麼做的同時，你會真正享受他們，並且體會到夥伴關係的喜悅和安全。

All sabotage hides a fear of greater sacrifice.

203章

　　當自我破壞的情形發生時，看起來我們好像失敗了，但其實我們是成功地自我破壞了。當然，我們為此付出了很大的代價。當其他人都覺得我們很成功時，我們卻感到許多帳面下的支出成本，而這些成本對我們來說漸漸無法負荷。往往在我們正要踏入成功的嶄新境界前，自我破壞就發生了。

　　當然，對我們來說，這代表更大的犧牲。我們感覺自己再也無法撐下去，無法承受比現狀更多一些的負擔。當我們不想再犧牲更多時，就會產生自我破壞。於是我們選擇炸毀未來的成功前景，等到莽撞者引燃炸藥時，其實上頭已經佈滿我們自己的指紋了。請帶有意願地放棄犧牲，全心投入遊戲之中，替自己創造呼吸和享受生命的更大空間，允許更大的勇氣帶我們踏入未來，並取得更高層級的成功。

THINK · FEEL · DO

　　今天，放下犧牲。在你邁向關係和事業更高成功的路途中，它都是你的絆腳石。

所有自我破壞　都隱藏了對更大犧牲的恐懼

204 启

現在的依賴指出過去的評斷

　　我們有所依賴的地方就有評斷。我們覺得某人或某個情境未能滿足我們的需求，因此為了讓這個需求在現在得到滿足，我們會變得依賴，我們覺得如果自己滿是需求，就一定會有人來滿足。過去有所評斷之處，同時也會產生罪疚感，因為需求來自缺乏連結以及失落、恐懼等感受，它與罪疚感緊密相連。

　　與其試著活在過去，我們不如往前移動，這麼一來，我們的需求也自然會得到滿足。依賴只會創造出不好的感覺，導致惡性循環：「我索求無度，覺得自己很糟，然後變得更索求無度，接著又覺得自己更糟。」

THINK · FEEL · DO

　　今天，放下那些對於人、事、物應該如何的評斷。帶有意願地寬恕過去，並更開放地擁抱下一步。你將會發現自己的需求自然得到滿足。

Every relationship is a reflection of my relationship to myself.

2O5^倉

我們身邊的每段關係都顯露出我們是否看重自己。如果某人待我們不好，唯一的原因是我們對自己不好。如果某人虐待我們，唯一的原因是我們虐待自己。即便是遭受強暴的經驗都在告訴我們，自己在某些地方是多麼強烈地違背自己的心願。

如果我們不喜歡自己的關係，改變的方法就是改變我們對待自己的方式。如果他人不尊敬我們，其實是我們內在某部分沒有要求得到尊重。他人會懲罰我們，唯一的原因是，在某個層次，我們感到罪疚且覺得自己應該得到懲罰。無論是哪種情形都是個錯誤。我們應當得到最棒的，所以讓我們先用最棒的方式對待自己。

THINK · FEEL · DO

今天，檢視你的生活。你如何對待自己？檢視十段最重要的關係，然後捫心自問：「他們對待我的關鍵品質為何？」然後再看看你如何對待自己。

如果你對待自己的方式有負面的成分，探索那是從哪裡開始的。現在你知道這些以後，面對形成這種自我觀念的過去的決定或行為，你會選擇如何改變？你對自己來說值多少？只有你先肯定自己的價值，你身邊的世界才會跟著明白你的價值。

怨懟摧毀關係

206

很多人不想和伴侶分享怨懟的情緒，因為我們不想處理隨之而來的麻煩和痛苦，問題是怨懟會摧毀關係。我們越執著於怨懟，就越牽絆自己。它在我們和伴侶之間築起一道牆，最終導致關係中的某一處出現死寂。我們可以和夥伴分享怨懟，帶有意願地分享怨懟，為其負責，然後放下，我們的關係就能向前移動。

THINK · FEEL · DO

今天是溝通之日，賦予自己新的動力，不要讓積累的怨懟拖累你，耗盡你的體力。你心懷怎樣的怨懟？從關係一開始到現在，你還在對怎樣的怨懟緊抓不放？

真相是，沒有怨懟是屬真的，它唯一的作用只是讓你自以為是，不願意向前移動，其實隱藏了自己的罪疚感。請開始拆除你和伴侶之間的高牆，一次拿掉一份怨懟的感受。怨懟阻隔了你與對方，你要好好發現怨懟背後所隱藏的伴侶的真正面貌，帶有意願地讓自己和關係都向前移動。

Every trauma offers a choice.

207 倉

大部分的人都曾經歷過創傷。在創傷發生的當下，我們可以選擇如何看待那段經驗。我們可以選擇讓這段經驗成為致命的傷害，甚至最後會因為無法擺脫而幾乎命喪其下，或我們可以選擇讓它成為一粒沙礫，幫助我們淬煉出美麗的珍珠。

每段創傷之下都藏了一份禮物，但需要我們更深入的覺察才能看見。說到應有的療癒，每件事都有其最好的安排。如果我們以新的眼光看待過往的創傷，就能看見它們所帶來的禮物。如果我們不收下創傷帶來的禮物，創傷就會成為我們防衛的一部分，成為角色的盔甲——我們用以阻隔痛苦。帶有意願地看到禮物，讓我們能夠卸下盔甲，讓能量自由流動，創造出健康、活力、快樂和樂趣。

THINK · FEEL · DO

今天，想像你將過去的某段創傷託付於神之手，同時老天也送出一份禮物給你。好好感覺那份禮物進入你的內在，接收這份禮物、這份平安、這份嶄新的理解，然後，在過去關閉的地方，你將感受到自己的整個生命復甦。

每段創傷都提供了選擇

The role of the lover limits intimacy.

208 倉

愛人的角色局限了親密

　　如果我們的行為是出自於愛人的角色，我們就局限了愛，因為愛是即興自發的流露。愛來自於我們願意每天經歷重生的意願，我們不再遵循舊法、墨守成規，而是讓愛教導我們、展現我們。

　　當我們跟隨舊法時，只是在演出自己以為的愛人角色而已。當然，在某個層次，愛人的角色隱藏了無價值感，自然會阻礙我們的領受。出自愛人角色的行為讓我們無法活在真正的愛火當中，而真正的愛火能融化、療癒並淨化我們，讓我們看到出路。愛火引領我們進入狂喜和順流，成為前所未有的真正的自己。

THINK · FEEL · DO

　　今天，看看你做的哪些事情是出於應該而做。將老舊及疲憊從你的愛情關係中剔除，做點兒新鮮事兒吧。讓你的伴侶大吃一驚，讓他們真的感受到愛。對他們付出真正的自己，他們將會一直記得這樣的你。

Deadness in sex or my relationship is healed by moving into a place of birth.

209 ☉

死寂是一種防衛，保護我們不受無意識心靈的影響。最快脫離死寂的辦法，就是找到藏於其下的某個主要感受。這份感受充滿強度和力量，一旦正確視之，就會自動將我們推向新生。那些將我們迎頭痛擊的感受，像是心碎、嫉妒、恐懼、暴力、憤怒、空虛和徒勞等等，其實都是新生的機會。

當我們處於死寂之中時，只要請求新生，就能找到死寂所掩藏的痛苦。通常這裡有太多痛苦，讓我們失去覺察，因此當我們找到那個地方時，呼求新生是會有幫助的。這處淨化的聖水之痛，正是我們的新生之處。擺脫痛苦、迎向新生過程的唯一要件就是付出。通常在這個節骨眼兒上，我們正處於極度的痛苦中，以致常常忘記或抗拒付出。

記得，持續的付出將讓新生變得輕而易舉。最簡單的付出也可以——將愛付出給某人、支持某人或以最簡單的方式說明某人。光是給予就能引領我們走向新生，那裡充滿了更多的愛、更高層次的性能量、熱情、創意或藝術、嶄新的通靈能力、更進一級的健康活力、新的自信或力量，並讓我們感受到更多的平安、願景和目的。

THINK · FEEL · DO

今天，你將跳出死寂並邁入新生。問問自己在死寂之下是什麼感受，當感覺來時，開始付出，讓自己脫離痛苦。你可以透過付出創造出新生。

性愛或關係中的死寂
可以透過邁向新生得以療癒

沮喪來自於恐懼

未來將失落某物

210 宮

　　沮喪是對未來可能出現的失落的恐懼，這種恐懼是因為我們執著於過去的某次失落。它讓我們無法前進並擁抱生命，因為恐懼失落將再度上演。我們拒絕繼續向前、不肯信任現在及未來。我們拒絕對任何事物產生信心，害怕信心終將粉碎，從而失去某些非常重要的東西。我們覺得：「與其曾經愛過，不如從來沒有失去過。」我們拒絕向前移動、不肯冒險，也不信任生命對我們會有更好的安排。

THINK · FEEL · DO

　　今天，明白你的沮喪下隱藏著一處新生地。現在就放下過去的失落，增強往前移動的信心。放下的時候，你就能找到在前頭等待的新生，你會發現自己將上演一齣人生大復活記。

Expectations give me no rest.

211 意

期望使人無法安歇，因為無論情況如何，我們都會感到有所不滿。而這種不滿足的狀態會映射出我們對自己的不滿，還有我們的不足。

期望和完美主義有關，身為一位完美主義者，做不到完美就是失敗。如果最近沒有展現神蹟大能，我們就可能覺得自己一敗塗地，並且不允許自己得到回報。這正是期望的拿手絕活——它永遠讓我們不得安歇。當我們完成一項工作，不但沒有給自己時間和地方休息、領賞，我們的完美主義還總是驅動我們前往下個目標。

沒有充足的休息，我們就會失去願景，難以看到更宏偉的觀點。我們不斷擔心自己會在緊要關頭時還做些無用功，或總是太用力做過頭，因此我們不斷地做些小調整，卻看不見下一個大躍進目標在哪裡。

有些完美主義者對於調整乾脆連試都不試。他們覺得如果不能做到完美的話，何必要開始？但即使他們什麼都不做，我們心裡是充滿緊繃和壓力，內心毫無安心可言。

THINK · FEEL · DO

今天，讓你自己領受回報吧。允許自己好好休息，那會帶給你更高的視野，而慶祝會激勵你朝下一層級移動。放下所有的期望，找到生命的自在，帶動你向前。

期望讓我無法安歇

Irresistibility is one of the best gifts I can give my partner.

212 意

無可抗拒的魅力 是我能給予伴侶最好的禮物

　　無可抗拒的魅力是指我們的吸引力極度強烈，強到可以將周圍的人都吸引過來。這也是領袖力的天賦和表現，因為當我們吸引人群靠近，並透過保有誠信，我們就能引領他們向前。這也是我們可以給予夥伴最好的禮物，這能夠啟發他們。無可抗拒的魅力充滿了樂趣，而讓所有工作變得更加容易。無可抗拒的魅力讓我們明白，無論發生什麼事情：「人們怎能不愛我？」這是你能創造出惹人愛和順流的關鍵感受。

THINK · FEEL · DO

　　今天，練習你無可抗拒的魅力。這是一種內在的明白，是一種你送給周遭世界的能量。人們喜愛吸引力，因為那推動他們向前。當你無可抗拒的魅力吸引伴侶更靠近時，你同時給予了自己和對方一份禮物。

The pain of rejection is always older than the present relationship.

213 念

在關係中體驗到拒絕的目的在於引發舊有的心碎。拒絕的痛苦永遠起源於比現在所發生的事情還要久遠以前。我們小時候或在關係初期經歷的心碎，若沒有療癒，就會變成現任關係的一部分。如果我們願意好好經驗傷痛，明白那只是舊傷痛，透過接觸到它的本質並分享出來，我們就能因此創造出前進的動能，從而在伴侶身上創造出某種程度的回應力。帶有意願地溝通痛苦的來源，我們就能得到在關係中獲得自由和坦誠。

THINK · FEEL · DO

今天，沉思目前生活中的某個傷痛，看看你能否找到源頭。當你找到時，回到當時的情境中，想像上蒼透過你去滿足所有人的需求。他的勇氣正透過你的身體，將愛川流不息地送給情境中的所有人。留意一切有了什麼樣的變化。注意到你不再需要經歷所有痛苦，就能輕易地得到釋放。

拒絕的痛苦　總是比目前的關係來得早

My sexual desire can be a cover for my pain.

我的性渴望 可能是對痛苦的一種掩飾

214 否

　　性渴望是極佳的防衛利器，我們有時候會用它來掩飾痛苦。因為如果我們引誘伴侶和我們發生性關係，就不用獨自面對所有的痛苦。但當伴侶覺察我們的性渴望只是為了掩飾痛苦時，他們將提不起精神、忙碌無暇、或是沒心情想要。這時候我們就應該看看性能量背後隱藏了什麼。而放下痛苦總是能讓我們贏回吸引力。

THINK · FEEL · DO

　　今天，看看你的渴望可能隱藏了什麼，特別是如果你現在覺得愛沒有回報的話。帶有意願地感受你的性能量下隱藏的痛苦或感受，有時候只是從頭到尾徹底感覺它，就能激勵你的伴侶向你移動。帶有意願地燃燒並穿越這些感覺，就能在你最想要的地方創造成功。

Commitment means I know there is time for the broken things to heal.

215 念

　　當我們承諾時，就代表我們長久經營這份關係了。我們設定了共同目標，希望朝關係中的雙方都能完整的方向成長。這表示我們不逃避衝突或破碎的感覺，而是向前靠近、加以療癒。承諾代表我們無須擔心任何一次衝突都可能結束這段關係；相反，我們感覺到雖然目前面臨衝突，但只需在途中穿越它，就可以邁向更大的幸福和更深的愛意。承諾表示我們知道破碎之物總會有癒合的時候。

THINK · FEEL · DO

　　今天，重新確立你關係中的目標。你想要的是什麼？你對自己和伴侶的期許是什麼？如果現在你遇到了任何問題，閉上眼睛，自然地感覺自己正穿越這些問題，往更高的目標邁進。穿越每一道阻礙，並感覺你的伴侶能量就在身邊。請持續朝終極目標移動，這代表了你自身成熟度的增長，也體現了關係的完整及偉大。這是你生命中愛和美的成長。

承諾表示我知道破碎的事物

總會有癒合的時候

Deadness in relationship can be healed through giving.

付出能夠療癒

關係中的死寂

216 念

　　關係中的死寂表示我們被困住了、感到疲憊，而且一直落入犧牲之中。現在我們可以做出新的選擇。在我們的忙碌之中，可以選擇付出更多的自己，以達到更真實的關係的接觸。

　　真正的付出讓我們向前移動，且允許我們領受。付出讓我們能夠為自己的慷慨感到自豪，讓我們能感覺到最好的自己。我們付出越多，就越瞭解自己真實的面貌。有時候，我們感到自己什麼也給不了了，這時如果我們懂得請求老天的幫助，就會發現自己正好擁有所需要的一切，足夠向前移動，重新回到順流之中。

THINK · FEEL · DO

　　今天，花點兒時間閉上眼睛，想像宇宙中湧現各式的能量和光芒。當你充滿了這樣的能量時，想想自己如何感受付出的動力？是在哪些領域？也許你受到召喚來付出非常簡單的事物，但即使是簡單的事物，也能展現你的愛。

Fantasy is a way of not communicating my needs.

217 念

當活在幻想之中時，表示我們正在隱藏自己的需求。我們在想像什麼可以滋養我們、使我們興奮和讓我們感覺良好。我們藉由幻想來彌補生命中的空缺，但幻想卻成了我們與伴侶之間的阻隔，它只是讓我們的心靈維持現狀。幻想無法真正滿足我們，因為幻想讓生命無法改變；雖然幻想試著讓我們得到解放，但唯有向前移動才能真正地解放我們。透過和伴侶溝通我們的需求，透過我們的需求而付出自己，我們便可以開始改變現狀。

THINK · FEEL · DO

今天，檢視你的生活中擁有哪些幻想。你是否會做白日夢，想著自己之後要做什麼，或是要和伴侶去做什麼？現在該放下所有未來要去做的事情，或是所有你腦袋中讓自己興奮的想法了。真心地和伴侶溝通，真實地進行接觸，這樣你才能穿越自己的需求，找到滿足感和更高一層的領受。

幻想來自於　沒有溝通出我的需求

The extent to which my heart has been broken is the extent to which hearts will break around me.

218 念

　　當我們已心碎數次，或只要心碎過一次，我們就會走向獨立，以免再次受傷。這樣的解離出於不願再被掌控，不願再度陷入犧牲或淪為愛情的奴隸。由於不願意面對自己的感受，我們轉而成為獨立的角色，而因為這樣的獨立，我們變得非常具有吸引力。

　　自給自足會帶來某種程度的吸引力，驅使人們靠近我們，但同時也會帶出對方的依賴。當對方的依賴一出現，他們就會試著抓住我們來滿足自己的需求，試著在關係中禁錮我們。我們發過誓要做到的事，結果再也無法兌現。自然而然地，當我們想脫離操縱或必須面對自己感受的情境時，就就換成身旁的人開始心碎了。

　　我們過往心碎的程度，就是我們不肯回應身邊人的需求之程度。帶有意願地面對過去的心碎、舊傷口或自己的需求，就會找到更願意回應的動力，並且和身邊的人溝通，讓他們不用傷害自己。和對方溝通對我們而言的真相和究竟我們要的是什麼，同時保有回應力，可以支援他們穿越自己痛苦的經歷。

THINK · FEEL · DO

今天，對身邊有需求的人抱有回應力，你的回應力將療癒雙方。

他人讓我遭受心碎的程度

正是我將讓身邊的人遭受心碎的程度

Under every power struggle is an old heartbreak.

219 天

　　我們之所以會陷入權力鬥爭，是為了保護自己不再經歷過往的心碎。在權力鬥爭當中，兩個人會陷入兩個極端。另一方展現出過去使我們心碎的行為，可能不是一模一樣的行為，而是在譬喻上或精神上與過去心碎相同的行為。我們不願意靠近另一方，其實展現了我們不樂意向前移動，不願穿越過往的心碎。雖然我們害怕舊事重演而再度受傷，但如果我們願意找到權力鬥爭下的心碎，並且針對它做溝通，我們便會開始療癒權力鬥爭。

THINK · FEEL · DO

　　今天，看看你在哪些地方陷入了權力鬥爭，並帶有意願地和對方分享你這一方的立場。你正在經歷什麼？帶有意願地談談過去你為何心碎，溝通是療癒的起點，也是權力鬥爭的終點。

每個權力鬥爭之下　都藏著過往的心碎

Intimacy creates healing.

親密創造療癒

220 倉

　　親密創造出安全的氛圍，讓溝通得以發生，同時也創造出親近的感覺，讓舊傷痛得以浮現。親密帶來療癒，因為我們越靠近一個人，彼此間就存在越少問題。「親密」（intimacy）這個詞來自拉丁文的「in」和「timere」，表示「無所恐懼」。

　　所有人都有一種原始的恐懼：「如果對方真的瞭解我，他們根本不會喜歡我。」通常過了關係的最初階段之後，人們會迅速拋棄對方，因為他們害怕自己不討人喜歡，害怕一旦被瞭解，自己就會失去所有的吸引力。然而，只要有意願維持親密關係，就能夠創造出勇氣，穿越一開始的恐懼，找到更新層次的蜜月感受和親密。

THINK · FEEL · DO

　　今天，想某一個可以和你創造出更親近感受的人，他們可能是你的伴侶、你的父母或一位朋友。帶有意願地靠近他們，創造出安全、溫暖、親密的氛圍，這麼做必能帶來療癒。

"Note

_____

_____

_____

_____

_____

_____

If I reach a place of meaninglessness I ask for heaven's help.

221 念

如果我陷入無意義感之中

我會請求老天的幫助

有時候，生命的情境會將我們丟入無意義感的狀態當中，可能是我們經歷太強烈的失落，從人生賽局中被一擊出局，或是經歷太深刻的挫折，以致於心灰意冷。我們一心瞄準某個目標，但是當目標達成時，卻又發現和想像完全不同。有時候，人會耗盡一生在某個項目上，但是當項目完成時，卻又感覺一切都毫無用處，這種感覺可能會無來由地升起。

無意義感是意識的一種狀態，反面就是啟蒙、頓悟。我們若陷入無意義感之中，只需請求老天的幫助，就能獲得重大的突破。無意義感是小我和高我的戰場，小我總是嘗試讓我們陷入另外一場無用的聖戰當中。它嘗試引導我們認為自己可以在世界上的某處找到意義。

當我們請求老天的幫助時，我們會聽見一個平靜的聲音訴說著非常簡單的話，像是「付出」、「愛」或「快樂」。這些話語帶有恩典，可以讓我們向前移動、體驗神旨。在痛苦和無意義感之中，在死灰殘燼之中，請求老天的幫助。無意義感是極為痛苦的經驗，卻也能夠被輕易超越。

THINK · FEEL · DO

今天，無論你是否陷落在無意義狀態中，都花些時間清理自己的心靈。無論出現什麼樣的想法，只要說：「這個想法所映射的目標讓我無法接近真實的意義。」大約十分鐘之後，當你的心已澄淨無礙，請求上蒼給予你意義。你聽到的話語將替你帶來真實的平安，隨之而來的將是能帶來真正滿足的話語。

The grass is always greener over the graveyard.

222

「墓地那邊的草皮總是更翠綠」這句話，道出了小我嘗試要羈絆或延誤我們進程的陰謀。在這樣的陰謀中有兩種常見的陷阱，它們都讓我們相信自己的幸福藏在別處。

第一種陷阱是：當我們和伴侶在一起一陣子後，突然遇到了一位看似更有吸引力的新歡。如果我們近來正和伴侶經歷著權力鬥爭或試圖穿過死亡區，無論來者是誰都會更具吸引力。畢竟，關係的第一階段是浪漫期，因此所有新歡都會感覺更有魅力。當然，如果我們繼續和新歡在一起，最終也會達到權力鬥爭和死亡區。

第二種陷阱是：當我們進入一段關係後，我們的心卻開始回想舊愛。我們在夢裡與他們相會，結果讓目前的關係變得冷淡。

兩種陷阱的關鍵都在於我們以為自己的快樂在別處，不在眼前。小我奮力將我們困住，使我們無法企及當下可能的快樂。

THINK · FEEL · DO

今天，感謝你目前的處境，感謝你的伴侶和生命中的一切。帶有誠信，你就能享受和身邊所有有吸引力的人連結，同時又不會失去眼前的快樂。不要掉進陷阱裡，以為別處的草皮比較翠綠。

墓地那邊的草皮

總是更翠綠

All relationship triangles come out of the competition in one's original family.

223 ☆

　　所有三角關係的目的皆在於阻礙我們向前移動，它們是某種競爭的形式，根植於我們原生、不平衡的家庭。不平衡造成一種匱乏感，讓我們感覺自己必須為愛競爭，為需求奮戰，在其他人出手之前，就得趕緊確保自己的那一份。

　　這樣未經療癒的家庭環境生長出未受療癒的人，他們以前競爭爸爸媽媽的愛，同樣的情形又透過三角關係重複上演。雖然這是小我最擅長的陷阱之一，但幾乎所有的家庭，在這個世代，都能達到更佳的平衡，並擁有更好的連結。

THINK・FEEL・DO

　　今天要來療癒你心中的不平衡。想像一下，成人的你回到原生家庭的情境之中，支持仍是小孩的你變得更堅強，以支持整個家庭。支持會帶來平衡、結束競爭。當你療癒了這份不平衡，就能將療癒帶進現況之中。你不會再頻頻回首或試圖在現在滿足過去的需求。

　　如果你正處在一段三角關係中，請帶有意願地向前移動，這樣會讓你的真命天子和你一起向前。信任自己和上蒼，真愛伴侶總會出現並準備好和你在一起，他將集前面兩個人的優點於一身。你將不必再害怕在三角關係中可能失去什麼或失去誰。在三角關係中，要在兩人之間二擇一非常困難，但選擇真理的下一步，將讓你的真愛伴侶得以向前，加入你的行列。

所有三角關係都源於

原生家庭中的競爭

All sacrifice is unworthiness.

224 念

所有犧牲都是無價值感

　　犧牲來自於幻覺，我們以為只要放棄自己，就能仰賴另一半背負我們前行。只要我們能夠利用對方來建立自己的身分認同感，要為對方做什麼，我們都在所不惜。所有的犧牲都是無價值感，它欺騙了我們，也欺騙了我們的伴侶，因為我們無法領受禮物，而另一半也只獲得所謂的瑕疵品，就像打折區的東西一樣。只要看重自己，就能發現我們擁有足夠的創意解決問題，而不需要放棄自己的立場或自我。

THINK · FEEL · DO

　　今天是開始看重自己和找到自我真實中心的日子。選擇活出你的真相，而不是別人的。請求你的高層心靈帶領你回到中心，那是一個平安、純真、擁有真實的價值和連結感的地方。給予自己最珍貴的禮物：你。

What I give creates my experience.

225 量

生命中的意義和價值來自於我們付出多少。如果我們給的很少，就會發現自己獲得的也很少。如果我們付出全部的自己，就會發現可以回收好幾倍的豐盛。

THINK · FEEL · DO

今天，透過全然付出自己，你可以提高自己領受的價值。你的付出創造了你的經驗。你對於伴侶的付出，允許你的關係能夠出現更高的意義。你付出越多，就能領受越多。

我付出什麼 就會體驗到什麼

Fear comes from my attack thoughts.

226 宜

很多人認為恐懼來自於外在事物，但其實恐懼始於我們內心的攻擊思想、怨懟或抱怨。由於心靈是以投射的方式運作，我們自然會看到世界以自己的思想回應我們。當我們送出攻擊性思想時，就會看到世界反擊我們；當我們把世界看作是一個充滿威脅的地方，我們也會因此恐懼不安，但其實恐懼源於我們的內在。帶有意願地認清這一點，會讓我們改變想法，將恐懼轉變為愛，自然也能將這份感受從自己延伸至情境中或周遭的人身上，創造出療癒。

THINK · FEEL · DO

今天，帶有意願地將你的恐懼和攻擊性思想轉變為愛和祝福。祝福你身邊的人，將你的能量當作禮物給他們，而在付出的過程中，禮物又會加倍回到你們彼此身上。你給出的每個祝福都是你將領受到的祝福。祝福能療癒你的攻擊性思想和恐懼。

恐懼來自我的攻擊思想

Every power struggle hides a birth.

227 合

每個權力鬥爭底下都暗藏著一個充滿痛苦的地方，它讓我們不計一切代價逃避面對。我們寧可啟動一場外在的戰役、承受長時間的痛苦，也不要經歷短短數小時，甚至片刻的痛苦。

然而，如果我們想要的話，可以結束這場曠日持久的拖延戰——權力鬥爭。我們可以選擇帶著勇氣，潛入這場權力鬥爭之下的痛苦所在；走進這麼深的感受，將帶著我們走向新生。選擇從這麼痛苦的地方對某人付出，透過我們心靈最富創意的能量，帶來一個充滿愛、超越、目的和願景的全新情境。

THINK · FEEL · DO

今天，只要你願意選擇改變，你就可以跨出大大的一步。只要覺察到新生的可能性，並且願意去找到它，就能讓它現身。你經驗到它的時候，馬上將這份新生付出給某人。你的付出會將痛苦轉化為全新的超越。

每個權力鬥爭下 都藏著新生

Ease is holding nothing back.

228 宮

輕而易舉

就是不再有所保留

我們輕而易舉的程度，就是我們無所保留的程度。當我們大膽投入，就能從自己和生命之中領受。輕而易舉是一種與我們的高層力量、我們的家人、愛人和所有共事之人的活生生的夥伴關係。當我們百分之百付出，一切都將輕而易舉。

如果我們以任何方式將自己有所保留，事情就會變得棘手。困難來自於罪疚感，以及某種錯誤信念：我們可以透過讓自己難受來彌補罪疚感。例如，我們常常會有這個想法：「我必定是個好人，看看我的人生多辛苦啊。」我們透過角色、規則、義務來彌補罪疚感，而那些卻只是防衛，它們只會帶來困難、停滯，以及死寂的感受，讓我們無法領受。在所有情境中都全然給出自己、百分之百地付出，一切都會變得輕而易舉，讓生命和機會自然送上門來。

THINK · FEEL · DO

今天，不要出於窠臼和慣性做事，選擇全然給出自己。允許輕易在關係中推動你向前，它總是說：「你們可以齊心協力，你們可以齊頭前進，創造雙贏的局面。」由於你已經全然給出自己，因此你知道這是真的。在夥伴關係中攜手並進，你們將無堅不摧。

Sacrifice is counterfeit love.

229 念

犧牲看起來像真實的，實質上卻是假貨。那是一種付出，卻得不到
領受，因此它並不算是真正的付出。犧牲總是說：「我不好沒關係，你
好就好。」它以此欺騙，使得我們無法給出最大的禮物：自己。犧牲和
無價值感、罪疚感和失敗密不可分，它總是試著證明自己都不相信的事，
透過做一些事情來彌補過去的失敗感受。犧牲的基礎是放棄自我認同，
以竊取一個更有價值的自我，這也就是犧牲的目的。

犧牲是假愛，因為愛會拓展自己和創造，犧牲卻會傲慢地貶低自己。
同時，它也讓所有呈現出來的禮物黯然失色，因為沒有人能領受任何東
西。陰柔面（我們藉以領受的一面）仍然未獲得報償，沒有敞開、沒有
釋放。犧牲是最常見的假愛形式，也是偷偷摸摸地有所保留，而且不願
意向前移動和改變，那是一種假情假意的承諾。請將關係中最需要的元
素保留下來：我們的付出和領受。

THINK · FEEL · DO

今天是走出犧牲的時候了。請求你的高層心靈帶領你回到中心，將真相告
訴你自己。瞭解你自己真正想要做的是什麼，瞭解今天你所獲得的來自於你真
正的給予。

犧牲是偽造的愛

230 自

幻想是不展現

我的臨在的方式

幻想會將周遭所有的人套上戲服，以滿足我們的需求。雖然每個人都會幻想，但最重要的是不要被困在裡面，因為我們越困於幻想之中，就越少展露自己。只有展開和給出自己，才能讓我們真的收進生命的禮物。當我們在幻想中小小自娛時，必須記住真正的滿足是來自於真實的我們。給出自己、展現自己、敞開自己，坦白所有的渴望、想望、需求、喜樂和滿足，這樣生命才能對我們付出。

THINK · FEEL · DO

今天，好好檢視你所有的幻想——性幻想、英雄幻想，以及生命會越來越好的幻想。帶有意願地將這些全都放下。當你逮住自己在幻想時，單純地問問自己：「有誰真的需要我的幫忙？」將你的愛傾倒給那個人。這麼做的同時，你將感受到更大的滿足和敞開去領受生命的禮物。

不要等到退休才懂得享受。不要等到為時太晚的時候，才想到欣賞你的伴侶。看著他們，啜飲他們的美好，感覺他們在你的生命之內，享受他們給你的每一份禮物。不要等待，立刻向某人傾吐你的愛和感激。想想那些在你生命中曾有重大意義的人，好好聯繫一下或打通電話給他們。純粹只是從心坎中說謝謝，因為感激會帶來享受。不要再等待，立即大吸一口生命之氣，對著生命大咬一口，當生命的蜜汁從你臉頰流下時，所有人都不禁跟著流口水。敞開你的心胸啜飲生命，所有一切現在就都賜予給你了。

My relationship is not a fifty-fifty deal, it is a one hundred percent deal.

231 念

我們抱怨另一半沒有給予這段關係的事物，正好是我們所要給出的事物。如果我們只給出百分之五十，然後等著另一半給出另外的百分之五十，那我們可能會苦等許久。當我們選擇只給出百分之五十的自己時，另一半就好像完全沒有付出。當我們選擇給出百分之百的自己時，關係就能向前移動。隨著我們願意全然付出，我們的伴侶也會開始對這段關係付出他們所要給出的。任何我們不成功的領域，都是我們沒有百分之百付出的地方。

THINK · FEEL · DO

今天，檢視自己的生活。看看你如何做出簡單的選擇，付出百分之百的自己，並讓你的人生和關係變得更加自在。

我的關係並非雙方各付出

百分之五十 而是百分之百全力以赴

In my relationship I can choose drama or I can choose creativity.

在我的關係中 我可以選擇鬧劇或選擇創意

232 含

如果我們的關係中出現鬧劇，那表示我們正在濫用自己的創意能量。我們創造出鬧劇，好讓自己不會感到無聊，覺得自己真的活著，覺得自己正在經歷某些重要的事。在權力鬥爭當中，我們有時候甚至會創造出更多的鬧劇，但與其讓情況走向戲劇化，我們大可利用這股能量去找到解決方案。我們的創意是愛的行動，是與他人的連結，那會創造出我們所需要的興奮感。

THINK · FEEL · DO

今天，將你的能量運用在正面的地方。尋找創意的解決方案，因為你的創意讓你感覺到最好的自己。不要在關係中製造更多鬧劇、問題或歇斯底里，利用你的創意去找到解答。

Creativity is the antidote to loss.

233 念

　　當人覺得自己失落了某些事物時，就容易陷入恐懼、悲傷、糟糕的感覺，有時候，則是罪疚感。我們可以利用這個機會變得更有創意，藉此將自己從失落感中釋放出來。吸收這次痛苦情境中的所有能量，然後轉化成自我療癒之用，這對於身邊的人來說是愛的禮物，也是療癒他們失落的解藥。

THINK · FEEL · DO

　　今天，看看你哪裡感覺到失落或是害怕失落的感覺，然後發揮創意療癒它。放輕鬆、閉上眼睛，允許自己回到內在，想想你要如何給出愛，透過你的創意，轉化整個情況。

創意是失落的解藥

To have a need fulfilled, I forgive.

想要滿足一個需求時

我先寬恕

234 念

　　當我們有所需求，從中抽離的最簡單方式就是寬恕。寬恕驅走評斷和罪疚感，這兩者都讓我們停滯不前、無法領受。將他們移除，讓我們能夠向前移動，我們的需求自然會得到滿足。如果情況看似超出掌握，需求看似不可能滿足，我們就可以請求高層心靈協助來完成寬恕，讓我們得到平安，感覺到自己的完整。寬恕是一種給出，每次給出，我們都在對自己付出，並滿足自己的需求。

THINK · FEEL · DO

　　今天，列出你目前生命中的三大需求。問問自己：「到目前，我尚未寬恕的是誰？」無論你要如何才能做到，請好好寬恕，讓自己的需求能得到滿足，讓你找到平安。請記得，寬恕是你的高層力量的真實的功能，請記得轉向你的高層力量，這樣你的寬恕就會輕而易舉地完成。

Without commitment to a common goal, any conflict could destroy a relationship.

235 念

如果你們沒有一個共同目標，那麼任何衝突都會成為摧毀關係的最後一根稻草。當我們擁有一個和伴侶一起決定的共同目標或承諾，那麼任何前往目標途中遇上的衝突，都只是有待穿越的路障。每當我們解決一次衝突，就打造了一層更深的夥伴關係。

THINK · FEEL · DO

今天，花些時間閉上眼睛，觀想你在關係中的目的。你想要什麼？你選擇了什麼？感覺你的伴侶和你肩並肩，充滿自信地一同朝著目標前進。明白你們可以一同穿越每一次的衝突，持續走向目標。只要你願意承諾，衝突的力量就會被削弱，關係的力量會得到提升。

若是沒有對共同目標的承諾

任何衝突都可能摧毀一段關係

I can only enter heaven now, never on an instant replay.

236 庵

許多人會在想像中回到過去仿若置身天堂的時候，這種想像只是我們的心靈試圖在補償現在的空缺。天堂是一種只有現在才能夠進入的意識狀態，試圖活在過去無法讓我們快樂。重複播放美好時光的畫面只是一種謊言，因為即便是在那些時候，也有某些缺憾驅使我們去追求更多。現在我們有機會完全學到這一課，並且獲得更高程度的快樂。

THINK · FEEL · DO

今天，選擇活在當下，就存在此時此刻，讓自己體驗內在的天堂。閉上眼睛，想像世界上的所有喜悅和快樂正充滿了你，讓它充滿你的內在，你的腳趾、腳掌、腳踝、雙腿、生殖器官、屁股、身體、心臟、肺臟，所有的五臟六腑，手臂、脖子、臉龐、頭部、眼睛、耳朵，直到頭頂。感覺它的流動。天堂現在就在你之內。

不要被一些自我概念束縛住，它們強求你達到一定程度的作為，因此會造成壓力。自我概念是你的一部分，它試圖滿足根本沒必要的需求或證明沒必要的觀點。在你的心靈更深處，只有「一」，只有天堂正等待我們去體會。

我只能在當下進入天堂

而無法透過重播過去來進入

My judgement throws me into sacrifice.

237 _念

　　我們的評斷讓自己陷入犧牲，因為評斷他人的時候，自己會感覺很糟糕。當我們評斷越多，就越會感到無價值，犧牲也就更多。我們透過扮演一個角色好補償自己的感受，以證明自己不是這樣。每個角色都建構在評斷之上，然後演變為一個補償的角色。帶有意願地放下評斷就是放下犧牲，我們放下的每個評斷和寬恕的每個人，都能節省大量的時間，也省下了很多的不快樂以及毫無報償的心力。

THINK · FEEL · DO

　　今天，釋放自己，決定不再受過去所束縛。你對父母的每個評斷都將自己套牢進角色和犧牲之中。想像你媽媽是小女孩時的模樣，坐在你的大腿上，告訴你當她夢想生一個孩子時，對你充滿多少希望。接著，想像你爸爸是小男孩時的模樣，坐在你另一條大腿上，告訴你他如何夢想長大成為一個男人，生下自己的小孩，他會如何照顧這些孩子，給予孩子們最好的，讓他們感覺被愛。接下來，請回憶你的童年生活：你是如何冀望生活更加順遂，如何渴望擁有你愛的子女，如何渴望給予你愛的人一切最好的。

　　如果你願意，放下你對父母的評斷。依他們的成長環境、背景和內外的壓力來看，他們已經盡了全力。帶有意願地放下你對他們的怨懟，你就能得到釋放。

If I don't have something in my life, it is because I am getting revenge.

238 宮

如果我生命中缺少些什麼

那是因為我正在報復

所有人都會抱怨生命中缺少的，抱怨我們沒有的，或是想要更多的。帶有意願地更深入檢視我們為何缺少那個事物，我們將能獲得解答。答案就是我們正在對某人進行報復。我們在報復自己，這絕對是真的但並非完整的解答，因為報復必定是針對自己以外的人。帶有意願地放下我們和這個人的權力鬥爭，我們就不會失去當下的快樂。

THINK · FEEL · DO

今天，是停止報復，讓自己領受的時候了。問你自己：「藉由缺乏這個事物的理由，我是在報復誰？我想對誰反擊？」閉上眼睛，想像這個人站在你眼前。權力鬥爭是否比你渴望的事物價值更高？帶有意願地寬恕他們，寬恕那些你認為他們做錯的事情。現在，將你想要的給予他們，你會感到自己開始領受，並且被同樣的事物充滿。

Present sacrifice is a past judgement that my needs were not met.

239 念

　　若對過去沒有滿足我們需求的人有所評斷，將會造成犧牲。

　　犧牲的出現有兩種原因。一種是，當我們評斷過去某個未得到滿足的需求，就會在現在四處找人滿足這個需求，但這樣反倒讓需求更不可能被滿足。另一種就是我們試著做給當時沒有滿足我們需求的人瞧瞧，讓他們看看事情應該怎麼做才對，而我們的做法是：進入一種與我們對對方的評斷相反的補償角色。從表面看起來，我們做得比他們好太多了，但實際上這只是犧牲，因為我們無法領受。沒有領受，我們就陷入更嚴重的犧牲之中，筋疲力盡。

　　一旦我們瞭解這個道理並寬恕過去的這個人，我們就能繼續前行。

`THINK · FEEL · DO`

　　今天，檢視你在哪些地方仍在犧牲當中。問自己：「我仍在評斷誰？」帶有意願地寬恕他們。請求你心靈中掌管寬恕和光明之處，協助完成寬恕。請求你的高層心靈將你釋放，不再如此做苦工，卻僅僅領受毫釐。請求將自己從過往的饑渴中釋放，那些是你似乎無法在現在滿足的渴求。

目前的犧牲是對過去的評斷

評斷當時的需求未得到滿足

My happiness is the best gift I can give the world.

快樂是我所能給予　世界最棒的禮物

240

　　許多人覺得自己的快樂需仰賴外界的事物。我們覺得自己必須等到某些事物就緒之後，才能得到快樂，但快樂是源自於內在的。它是我們可以給予世界的最佳禮物，因為快樂是會傳染的。快樂可以帶來啟發，送出希望。快樂是一種愛，能夠散播至四處。如果某件事情看似停滯不前，就將快樂帶入其中，事件便會有移動，因為快樂充滿創意。

THINK · FEEL · DO

　　今天，無須任何理由地全然開心。成為快樂密使，無須任何理由地散播開心，為了所有理由而開心。

If my partner loses, I will end up paying the bill.

241 合

我們和伴侶陷入權力鬥爭中時，即使是他們輸了，最後也還是我們買單，因為我們與伴侶在同一條船上。我們要專注於穿越所有形式的競爭和權力鬥爭，進入支援和合作的狀態，好讓伴侶總是能夠成功。我們伴侶的輸展示出完全隱藏或隱藏得不深的競爭。我們要麼得到伴侶成功的好處，要麼就是最後必須買單。

THINK · FEEL · DO

今天，給伴侶更多的支持。無論你有什麼感覺，多付出一點好確保你的伴侶成功。他們的成功就是你的成功。

Love stops time and starts eternity.

242 倉

在永恆之中存在著純粹的創造力，喜悅也無所不在、四處流淌。我們在生命中擁有越多愛，就越不需要旅行到其他地方。我們不需要努力得到任何事物，因為愛就在這裡，愛就是現在。一直以來，愛既是方法，也是結果，愛永遠不能成為獲得目標的工具。愛從現在開始。如果我們愛的力量夠強，就能讓時間停止。時間停止的地方，就是我們能夠免去多年苦工和痛苦的地方。

THINK · FEEL · DO

今天，利用時間的真正含義，即學習愛和療癒自己。允許那份療癒現在就進入你的生命。你還能夠更愛誰？誰就在你的面前？沒錯，就是你的伴侶，你可以付出許多愛，讓時間仿佛靜止，而永恆現前。

愛使時間暫停　啟動永恆

Judgement is always of a person's body, personality, or mistakes.

243 倉

評斷只會在我們去看一個人的身體、人格或錯誤時才會產生。如果我們超越表面深入去看那個人的本質和天賦，以及他們的可愛之處，評斷就會自然瓦解。當我們看到他們值得欣賞的地方時，評斷就失去了立足之地。看到他們的美好部分並且與其結合，我們自己也能得到解脫，因為評斷是一把雙刃劍，可以攻擊別人，也足以傷害自己。

THINK · FEEL · DO

今天，在心裡想一位你曾經評斷過的人。閉上眼睛，想像你看透那個人的身體、人格和錯誤，找到你欣賞他們的地方。然後，再看到他們的天賦，接著看得更遠，超越他們的天賦，看到他們內在的光芒。花一點兒時間坐在那道光前，注意：你已經無法評斷他們，因為你看到了他們靈性的光亮。看到這一部分後，你也得到了解脫。

評斷總是針對　個人的身體、人格或錯誤

Working too hard in the present is because I have not let go of the past.

244意

現在做苦工 是因為我沒有放下過去

做苦工是為了補償歉疚感。常常，我們在工作上面日漸得心應手，於是感到自己是最棒的，但對工作狂熱過頭卻代表著我們對某些過去沒有放下，代表有些評斷、衝突或痛苦沒有被解決，我們仍執著於某些過往的感受。若我們願意放下，自然就能找到工作和生活的平衡，可以適度工作，而且有勇氣處理心中升起的任何感受。帶有意願地找到我們仍然執著的過去的那些事物，並且放下，這讓我們可以用一種更真實、更有效的方式工作。

THINK · FEEL · DO

今天，檢視你在哪些領域做了太多苦工，生命在哪些地方似乎成了負擔。請你瞭解，這是你還沒有放下一些事情的地方，也是你的怨懟所在。問問自己那究竟是什麼。現在，帶有意願地放下，因為那樣的怨懟正在殘害你的生命。

When someone gets angry at me, there is a lesson for me to learn.

245 倉

當有人對我們生氣的時候，如果仔細傾聽，就會聽到這個人要教我們的功課。我們對他們的憤怒多少有些責任，因此不能說：「噢，那都是他們的問題。」 從另一方面來說，他們的憤怒只是我們可以學習的一課，若是反被牽著鼻子走，如臨世界末日，那我們就錯過了一個重要的機會。覺察並利用每一個機會，即使非常負面，也能幫助我們成長。如果願意接受，這份憤怒可以喚醒我們沉睡的一面，幫助我們向前移動。

THINK · FEEL · DO

今天，不要對抗憤怒，不要逃開，反而要聆聽真正對你有用的部分。利用憤怒作為自我檢視的機會，他人的怒氣可能完全是無的放矢，但仍然能夠讓你碰觸到對自己來說很關鍵的事物，當某人的憤怒瞄準了你，這能夠讓你找到你自我攻擊的地方，而你被召喚來放棄攻擊。

若有人對我生氣 代表我有要學的功課

Partnership is common purpose.

夥伴關係是共同目的

246念

　　我們和很多不同的人是夥伴。原生家庭的每位成員是夥伴，生意往來上的人是夥伴，我們各式各樣的人際關係、親密關係都是夥伴關係。如果我們處於夥伴關係中，成就和機會自然會找上門來，但夥伴關係成功與否，取決於我們是否選擇了一個共同目標。雙方朝向同樣的目的移動必然會創造出輕易和順流，同時讓恩典得以出現。對所有的夥伴關係來說，我們越是活在共同目的之中，就越能夠成功。

THINK · FEEL · DO

　　今天，從你最重要的夥伴關係開始（就是你和愛侶的關係），找到你們的共同目標，想像你和伴侶一同向前移動。和其他所有的夥伴關係——你的孩子、父母、兄弟姊妹、生意夥伴、創意拍檔和其他所有人——都這麼做。在每段夥伴關係之中，看到你們的共同目標，瞭解它的吸引力有多麼強大、它如何召喚你，以及你如何藉此毫不費力地向前移動。

Mastery in a relationship is a willingness to be innocent with those I love.

247 念

純真無罪是我們可以給予這個世界的最大天賦。達成純真無罪就是達到大師境界，因為我們再也不用去任何地方了，它總是發生在我們所在之處，此時此地。

純真無罪代表不再懲罰自己或證明自己。證明需要耗費很多時間，而且通常也沒有用，因為那是對負面信念的補償。一旦我們明白自己的純真無罪，就能從痛苦和補償的惡性循環中解脫，讓自己得以領受，並邀請世界進入我們的內心。透過自己的純真無罪，我們的伴侶成了療癒、驚奇和享受的源頭。純真讓我們能夠給出自己存有的最大禮物。純真無罪既好玩又有趣，最重要的是，它展現了我們的真相，而我們只要願意活出這個真相，就能創造出療癒世界的力量。

THINK · FEEL · DO

今天，放下所有讓你無法達到純真無罪的阻礙。閉上眼睛，想像你站在神面前，他知道你是真實無罪的。愛只知道愛，純真無罪也只知道純真無罪，是你自己的傲慢對你有所評斷。你越是純真無罪，就越能給出和領受身邊的愛，也越能明白自己擁有多少。

關係中的大師境界就是
願意和愛人在一起時 回到純真無罪

All holding on is fantasy.

248_念

　　當我們緊抓不放時，我們就是活在過去。當我們活在過去，就只是活在自己捏造的幻想裡。對過去緊抓不放永遠無法讓我們快樂，因為幻想只是個幻相。只要我們願意放下昨日的鬼魂，就能讓自己領受生命現在的禮物，這些禮物遠比我們所放下的更好。生命想賜給我們更屬真的東西，讓我們得以向前移動，這是讓我們能真正產生連結和滿足的。

THINK · FEEL · DO

　　今天，看看你仍對哪些人、事、物緊抓不放？那是誰？如果你仍緊抓著他們的某些特質不放，請放下它們。不然，你的心靈將滿足於虛幻的畫面，而無法在現在的生命中創造經驗。

所有的緊抓不放都是幻想

All problems are the result of amnesia.

249 念

　　快樂、療癒和寬恕的關鍵在於真正憶起自己究竟是誰，以及我們來到世上的使命。我們與他人結合的同時，開始能看到彼此之間沒有分裂、評斷或恐懼，因而會憶起自己是誰以及自己的「一」。失憶表示我們忘記自己是神的孩子，那是唯一真正能夠滿足我們、讓我們開心的事物，我們都是失憶症患者。我們是王國的靈性王子和公主，因為離開王國領地很久，而忘記自己曾經有一位富有的父王。

　　只要我們記起自己是誰，以及我們來到世上的目的，就能找到充滿力量、得以療癒的平安。我們知道一切美好都是為了我們而來，為了我們而運作，神總是在看顧我們、愛著我們，並且照顧一切。

THINK · FEEL · DO

　　今天是屬於憶起的時候。閉上眼睛，進入你的內心最深處。憶起你是誰，還有你來到這裡的目的。憶起你離開已久的國度，它仍在等著你的歸來。憶起你是光，而光是你的盟友。你是為服務真理而來，為感動世界而來。憶起所有屬於你的傳奇和喜悅！

所有問題都來自失憶

我的生命若有缺憾

那是因為罪疚感從中作梗

250 宮

　　罪疚感極具破壞力，它會阻礙我們，使我們感覺自己不配領受。我們的天性是，當生命中缺乏些什麼的時候，我們就責怪他人，特別是伴侶。我們認定他們沒有做應該做的事，因此無法給予我們所缺的東西。如果我們更深入檢視，就能瞭解到，真正阻礙我們領受的其實是罪疚感。當我們對某些事物感到罪疚時，就會產生無價值感，感覺自己不值得獲得所有美好的事物。

　　罪疚感是個錯誤。舉例來說，如果我們自己的小孩犯了一個小錯誤，然後一輩子都不願意接受我們的愛，也將我們和所有人想給予的禮物擋在門外，那我們對這個罪疚感的感受是什麼？會不會想要介入其中，幫助我們的孩子找回他們的純真無罪呢？我們大部分的罪疚感也來自類似的情況—孩提時因錯誤而建立的模式。當我們明白自己的純真時，就能幫助所愛的人找回他們的純真。

THINK · FEEL · DO

　　今天，請和你的內在小孩說話。告訴那個孩子他的純真，並幫助他瞭解，以當時他所懂的一切而言，他已經盡力了。寬恕你內在的孩子，這樣，他就會釋放身為大人的你，讓你獲得自由，獲得你所值得擁有的愛和禮物。

Please touch.

251 _念

請
多
碰
觸

　　碰觸有確認、安定和療癒的功效。當我們陷入權力鬥爭時，如果能碰觸自己的伴侶，就能重新確認在彼此的誤解背後，還有更重要的東西。我們越懂得碰觸另一半，就能創造出越多連結感。我們的碰觸具有強大的療癒力和確認感，光是碰觸就能創造出解決問題所需要的親密感。我們的碰觸可以給出希望。

THINK · FEEL · DO

　　今天，帶有意願地碰觸你的伴侶、子女、父母和朋友。握個手、擁抱一下或只是將手輕搭在對方的肩膀上，就能創造出確認感。撫摸你的另一半，讓你的碰觸確認彼此生命的存在，並傳達這樣的訊息：「你做得好棒，感謝老天讓你成為我的伴侶。」

The guilt I accept from others is only the guilt I am already feeling.

我接收自他人的罪疚感 是我本來就已經有的

252 ⏃

別人可以因為各式各樣的原因指控我們。他們可以替我們安上不同的罪名：搶銀行、性變態、很自私或不是好的伴侶。然而真正使我們難受的指控是我們自己已經感到罪疚的部分。若不是我們的心靈中有某部分本來就感到罪疚，那麼沒有人能讓我們產生罪疚感。

THINK · FEEL · DO

今天，當有人引發你的罪疚感時，利用這個機會進行療癒，明白這些是你內心感到罪疚、無法成長的地方。現在，你有機會轉化自己的罪疚感，別人若有力量對你怎麼樣，那也是你給他的力量。要不是你已經心感歉疚，是沒有人能讓你感到歉疚的。告訴自己：「現在我和這種感覺連上線了，我可以有所行動來改變它。我明白這份罪疚感是個幻象，而且起源於一個錯誤。我會學習這門功課，並在人生中繼續前行。我會感覺它，直到它消逝。我選擇領受。」

What I fight against, I become.

253 念

我們越是對抗某些事物,就越會染上自己所對抗事物的特質。從某種程度而言,叛徒的體內總是藏著一個暴君。在人格裡,當叛逆者推翻過去統領我們的暴君時,叛徒就成了領袖。不幸的是,一段時間之後,叛逆者的內在也會顯化出和暴君相近的特質。所有我們抗拒的事物都會持續存在,因為對抗只會強化和賦予它更大的力量。

今天,看看你在對抗些什麼,特別是對抗自己內在的哪些特質。閉上眼睛,允許自己回溯生命中的某個時刻,當時你認定自己擁有那樣的特質,還沒有將它們隱藏起來。通常,一旦認定這些特質就是你隱藏的那個部分自己後,你就會在生命中創造出一個人,將那樣的特質展現出來。你越加以對抗,這樣的特質就越會來到你面前。

找到被藏起來的那部分自己,將他抱入懷裡,接納他,讓他安心。你要理解那部分自己的處境有多麼艱難。只要你好好照料他,你就會發現他開始成長到你現在的年齡,然後自然地和你融為一體。你會發現那種內在或外在的對抗力量會自然消失不見。

我越是對抗 自己反而越會成為那個樣子

感受自己的感覺

是療癒、放下與前進的基礎

Feeling my feelings is a basic form of healing, letting go, and moving forward.

254

感受自己的感覺是最基本的療癒，如果我們持續感受自己的感覺直到它們轉化，負面就能轉成正面，本來正面的則變得更加正面。這是最簡單的療癒。我們知道自己感受到的痛苦是幻覺、錯誤，但那是我們的經驗，因此我們願意去感受它。當負面情緒過去，我們就來到一個全新的層次。每當我們感受自己的感覺，就能終結否認，放下過去，允許自己向前移動。

觀照自己的感覺，能夠幫助我們重新連結。當我們達到獨立階段時，早已解離掉成千上萬種感覺了。解離與歇斯底里是一體兩面，儘管歇斯底里的狀態看似可以感受到很多，但它逃避了能使我們向前移動的真實感覺。帶有意願地察覺並體驗我們的真實感受，將能引領我們走出死寂，進入夥伴關係。帶有意願地觀照自己真實的感覺，我們就能感覺喜悅並領受。

THINK · FEEL · DO

今天，記得感受自己的感覺，這是享受生命的關鍵，因此，允許自己去好好感受。從選擇進行這項練習到可以察覺到自己的真實感覺，可能會有一個時間差。這個現象解釋了你的解離狀態。有些人甚至會花上一整週的時間，才有辦法真正接觸到自己的感覺。無論你的時間差是多久，帶有意願地開始察覺你的感覺。你越能真正和自己的感覺連結，就越能允許成功和其他享受進入生命裡頭。感受自己的感覺讓你能夠認識自己，並且全然擁抱生命。

Deadness in my relationship is healed by asking for heaven's help and moving toward my partner.

255 倉

當我們在關係中感覺到死寂，覺得被困住、疲憊不堪、漠不關心，似乎無法靠自己跨越那份抗拒時，我們可以請求老天的幫助。

請求老天的幫助即呼求自己心靈中屬高層心靈的那部分的協助，請它給予我們足夠的能量，讓我們至少能踏出下一步。邁出下一步的關鍵是靠向我們的伴侶，因為當我們終於接觸到伴侶時，就會找到安歇之處和能量。有時候，我們陷落在慢性疲勞之中，以致於走每一步都要呼求幫助。每當我們處於筋疲力盡之中，覺得自己已經什麼都給不了，只要請求老天的幫助並向伴侶靠近，直到我們和他們結合為一，如此就能獲得釋放。

THINK · FEEL · DO

今天，看看在哪種情況裡你感到受困或疲憊而無法向前移動。請求老天的幫助，讓你和伴侶結合，向他們靠近，讓你和你的關係能夠向前移動。

並向伴侶靠近 藉以療癒關係中的死寂

我可以請求老天的幫助

I can experience guilt only by living in the past.

256 念

只有活在過去 才會體驗到罪疚

活在過去是行不通的，因為過去早已不復存在。當我們感到罪疚時，就是活在過去，耗費時間活在自己的腦袋裡，而不是和周遭的人進行真正的接觸。

THINK · FEEL · DO

今天，放下過去。放下罪疚感，讓功課來到面前，好讓你可以向前移動。罪疚感消散之後，你就能和身邊的人進行更好、更令人滿足的接觸。沒有了罪疚感，你自然能夠變得更有吸引力，生命似乎也會更加疼愛你。

"Should's" always express a conflict.

257 倉

　　我們認為的「應該」之所以都會落空，是因為它們展現了心裡的衝突。一部分的我們想要做自認應該做的事情，但另外一部分卻在抗拒。「應該」裡頭隱藏了強求和需求，因此我們越接近自認為應該做的事情，抗拒就會越強烈。同時，就算做到了自認應該做的事情，我們也無法領受回報，因為我們覺得那並非出於自願，那是我們應該、必須或非做不可的事情。

THINK・FEEL・DO

　　今天，放下你所有的「應該」，允許自己主動選擇。你的選擇和目標設定可以療癒衝突，在生命中創造順流。

必定是衝突
「應該」所傳達的

Love is giving everything while holding on to nothing.

258 天

愛是全然的給予，當它是真愛時，就不會執著於任何事物。愛沒有期望和條件，因為它並非契約：「你若給我那個，我就同意給你這個。」當我們付出一切卻又無所執著時，內在就會升起更多力量、愛和創意。我們的心因此敞開，而且超越時間。我們似乎進入一種更高層次的意識狀態，那裡所有的事物都色彩鮮明，充滿了愛。

THINK · FEEL · DO

今天，記住愛是無所保留的給出、同時又無所執著。你緊抓不放的所有事物、附加條件或依附，都會阻礙你的享受和領受。緊抓不放只是為了嘗試讓自己感到安全。愛無法讓你安全，它讓你真實和活著。愛讓你憶起上主，讓你憶起祂才是你這輩子一心想要的一切。

愛是毫無保留的付出

同時又無所執著

Being true to myself means I cannot be false to anyone.

259天

當我們對自己真實並站在自己的中心,就自然擁有生命的方向和目的。有時候,當我們活在中心時,身邊的人會開始覺得不太舒服,因為我們活出自己真相的同時也重新喚醒了他們。這讓他們無法舒服地待在舒適圈裡,或繼續困在角色和義務之中。儘管我們讓他們不舒服,但我們對他們並非虛偽。真正對自己做出承諾,我們就不可能背叛任何人,因為對自己的真實讓我們能將真實延展至他人身上,讓他們也邁出下一步。

THINK · FEEL · DO

今天,看看你在哪些領域能夠對自己更真實。當事情碰上困難時,表示你沒有對自己真實。另外很重要的一點是,可能你在做的事情不見得不真,但你做的方式不真。有時候,你可能會為了得到認可而做一些事,短期似乎對你有助益,但長期來看卻會導致失敗。在你對自己真實的領域,就能領受,事情也能自然輕易地流動,因此現在是該對自己真實的時候了。活出這個真相,你就能對其他人真實。

對自己真實

表示我無法對任何人虛偽

If I don't have something in my life, it is because I am in a power struggle.

260 ☉

當有些事物我們覺得自己應該擁有卻無法擁有，那是因為我們和某人正在對抗。權力鬥爭只是一種牽絆自己的方式，因為我們其實害怕自己面對想要的東西。這場權力鬥爭其實是我們在利用這個人逃避真正的課題，也就是隱藏其下的恐懼。放下權力鬥爭，可以讓我們在生命中獲得那些事物。

THINK · FEEL · DO

今天，放下權力鬥爭，反正那也不是真的。坐下來，在一張紙上畫三個欄位。在第一個欄中，列出你生命中想要什麼。思考你列出的每一項並問自己：「我現在和誰陷入了權力鬥爭？我在和誰對抗？」（答案若是「我自己」或「每個人」，表示你在回避問題。）無論腦海中出現誰的影像，都把他們寫進項目旁邊的第二個欄位中（可能是你的父母、已經過世的人、你的伴侶或佛陀）。現在，你是選擇權力鬥爭，還是這些你真正想要的事物？

在每個人旁邊的第三個欄位中，寫下是什麼恐懼牽絆住你，讓你無法得到自己真正要的。帶有意願地穿越恐懼，因為這麼做的同時，你就敞開了自己以獲得生命中想要的事物。

如果人生中有所缺憾　那是因為我正處於權力鬥爭當中

Sexual deadness in my relationship is healed by taking the next step.

261 宿

當性生活陷入死寂時，代表我們關係中的某些地方卡住了。在某個層次，我們害怕向前移動，但意願能夠帶領我們向前，它帶我們走出疲憊，因此至少有一小段的時間，我們向前移動了。邁出這一步不見得代表接下來的人生就能一帆風順，但那會是今晚的解答。對現在來說，這樣就足夠了。

今天，花點兒時間坐下來、閉上眼睛。想像你坐在關係中的死寂之地。現在，感覺自己開始沉進地板，直到你一路穿越被卡住的地方。當你穿越最後一層的時候，你會發現一個完全敞開且非常自由的地方，在那裡你將能再度呼吸。無論你困得有多深，只要你願意，就可以被領著向前。

關係裡性愛的死寂 可藉由邁出下一步得到療癒

Jealousy is a birthing place.

嫉妒是新生之處

262 合

　　嫉妒是人所經歷的感覺中最糟糕的一種。當我們感到嫉妒，特別是強烈的嫉妒之意時，腦裡的西塔波就會在心中振奮活躍。這些是「賴皮」的腦波，但也是最具創意狀態的腦波。只要有意願，我們能將之轉化為新生之地。

　　我們可以將自己帶離嫉妒的痛苦，然後透過全然給出自己創造新生。隨著我們透過嫉妒給出自己，困住我們的地方就會變成通往未來的跳板，帶我們跳進更高層的意識和愛之中。隨著新生，我們將執著和需求都拋在腦後，嫉妒的痛苦會替我們創造出嶄新層次的愛。當我們透過這新生之處給出自己，就能瞭解真正無條件的愛是什麼。沒有人能阻擋得了我們的愛。

THINK · FEEL · DO

　　今天，允許新生以最簡單的方式出現。想像你和伴侶之間有一道嫉妒的牆——那是一道賴皮牆。透過你的嫉妒給出，不論是傾灑出你的愛來穿越這道牆，還是提供服務皆可。服務說明你拓展自己、穿過高牆。如此一來，你就能超越痛苦而無須受苦。

"Note

_____

_____

_____

_____

_____

_____

My success in living my purpose is determined by the extent to which I forgive and integrate my parents.

263 念

我是否能成功活出使命

取決於我是否寬恕並整合我的父母

活出使命的目的不見得是我們做了什麼，而是我們是誰。我們越是能寬恕和對父母付出，就越能給出禮物、讓自己自由，並且瞭解自己使命的目的。我們若願意平衡父母雙方，讓自己和他們處於均等的愛及和諧之中，就能讓自己整合他們所代表的心理兩極。寬恕父母，均衡自己對他們的愛，讓我們能夠在關係（母親）和工作（父親）之間取得平衡。

我們若能整合父母，就能發現對自己而言他們分別代表怎樣的寶藏，我們也會變得更有創造力。我們越是整合父母，就越能讓自己向他們延展。請記住，我們抱怨父母沒有給我們的，通常就是我們要付出給他們的。

THINK · FEEL · DO

今天，帶有意願地、更全然地活出你的使命，讓全新的你得以展現。感覺你想從父母那邊得到而至今仍未得到的是什麼。現在，想像你像個孩子，將這些事物給予他們。你給出這些禮物之後，看到自己展開雙臂與父母左擁右抱的樣子，同時想像並感覺他們和你一同融化為純能量。然後從這份能量中生出全新的你。

今晚，和你的伴侶一起，讓你們之間的高牆倒下吧。邀請對方進入你的心，邀請對方全然進入你。不要讓任何爭執阻礙你，不要讓任何狀況阻礙你。萬有之神派遣你來到世上邀請他們回家。家就是你的心。當你讓伴侶全然進入你時，你將會發現一條新的道路展開，一路引領你到達目的地。這裡，你可以看見自己，還有你的伴侶所代表的通往天堂的道路，你甚至可以看見神的臉龐。這時要慶祝你的伴侶是你生命中的禮物。邀請對方今晚進入你，你們兩人都會變得更滿足。

"Note

_____

_____

_____

_____

_____

_____

Only my willingness to take the next step allows me to see what it is.

264 天

當我們四處詢問自己的下一步是什麼的時候，其實是我們不願意邁出下一步，覺得要親眼看到前方的路之後才會有意願。對自己誠實些，如果我們知道下一步是什麼，反而很有可能不想踏出去——即使我們知道那是最好的做法。 只有在我們擁有全然的意願時，下一步才會出現。接著我們向前移動，然後抵達一個比現況好上許多的地方。

THINK · FEEL · DO

今天，帶著全然的意願，邀請下一步來到你面前。由於你願意邁出下一步，下一步自然就會出現在你眼前。不要讓分心、誘惑或問題阻礙你前行。對生命說：是的，我願意！

我要有意願邁出下一步　才能知道下一步是什麼

Whatever the conflict, I am only fighting myself.

265天

　　關係中發生的所有事情都反映了我們心靈的一部分。無論是什麼衝突，我們對抗的都是自己。如果能療癒內在的對抗，那麼自己和伴侶的衝突也都會得到療癒。帶有意願地停止和伴侶的衝突，那只是對抗自己的煙幕彈，這樣我們自然就能接受伴侶展現在我們面前的那部分自己。只要將接納帶入所有的衝突之中，就能找到新的自信，繼續向前移動。對我們的伴侶和自己而言都有更好的禮物，只要不再對抗自己和對抗伴侶，就能收到這份禮物。

THINK · FEEL · DO

　　今天，找出一位和你陷入衝突的人。想像他穿著一身萬聖節的戲服站在你面前，走上前去撕下面具，同時看到面具背後的你。你年紀多大？無論你遇見的是多大的自己，問自己：「我能如何幫助你？」他所請求的和你所給予的那部分自己，正是和你陷入衝突的人所需要的禮物。你將禮物給予自己的同時，自然也給了那個人，也療癒了衝突。你們雙方都能因此向前移動。

無論是什麼衝突
我對抗的都是自己

If I am not in beauty, wonder, and joy, I am in judgement.

266 念

我們知道，如果自己過得很糟糕，是因為處於評斷之中。任何我們沒有享受自己、體驗自己內外美好的時候，都是我們在評斷的時候。當我們失去驚喜感時，就是在評斷某人或某事。透過評斷，我們剝奪了自己最棒的創意時間，但我們總是可以選擇改變，可以選擇享受生命。帶有意願地放下評斷，就能讓我們經驗到生命的美好、驚奇和喜悅。

THINK · FEEL · DO

今天，允許自己看見內在正在評斷誰或什麼事。你可能會看到眼前一堆人大排長龍。此時，帶有意願地寬恕他們。祝福每一位來到眼前的人，然後你就可以開始全然經驗生命的富足。

如果我沒有處於 美好、驚奇、喜悅的狀態 我就是在評斷

Heaven can only be entered two by two.

267

天堂是一種充滿喜悅、愛和法喜的意識狀態。只有透過寬恕、臣服和創意，我們才算是完全給出自己，進入愛的狀態，打開天堂。所有一切──寬恕、臣服、創意──都需要攜手共用。天堂只能成雙成對進入。

當怨懟將我們兩人拖進並鎖在地獄時，寬恕能夠釋放自己和對方，使彼此都能夠進入天堂。地獄是一種完全孤單和受折磨的意識狀態，而天堂是與他人分享以及「一」的狀態。

THINK · FEEL · DO

今天，讓最能引領你進天堂的那個人進入你的內心，他可能是和你針鋒相對的那個人，或是你最愛的那個人。感覺自己搭橋連結你倆之間的鴻溝。感覺自己寬恕他、靠近他、接納他，並將他吸引進你之內。感覺你們體內的光彼此結合，同時感到你們關係之內的喜悅感越來越多。

天堂只能成雙成對進入

I celebrate what is given to me.

268 倉

　　歡慶是意識最高的層次之一，也是宇宙的真實狀態。當我們為了被賜予的所有事物而慶祝時，就能讓最高層次的意識開始創造喜悅和療癒。

　　起初，當我們被賜予某些看來負面或黑暗的事物時，帶入歡慶的舉動可能看起來需要勇氣，但是將慶祝帶入黑暗，能讓人類存在中所有最高境界的元素浮現。當事態陷入谷底時，慶祝可以變成一個跳板，帶我們躍升至喜悅和愛的最高境界。歡慶表面看來黑暗的事物，將能帶來曙光，讓所有解答開始浮現。

　　歡慶讓情境中的所有愛都能夠被眾人分享。透過愛，人可以承受所有必須穿越的難題。愛讓我們超越有待我們學會的所有身體、情緒和心理的功課。當我們歡慶發生在我們身上的事，並未陷入幻象裡時，就能把所有事物轉換為禮物。如果我們被賜予的已經是禮物，歡慶則讓我們能全然體驗它。

THINK · FEEL · DO

　　今天是舞動生命之舞的日子。無論你被賜予什麼，儘量將之發揮到極致。無論你被賜予什麼，舞動並歡慶，找到其中的喜悅。要想不受世間的偽裝和幻象遮蔽，那就要找到在一切核心之中的喜悅，那就是喜悅、愛和歡慶。

我歡慶自己被賜予的一切

If feeling is shut down, I create drama and pain in order to feel alive.

269 _倉

當無法感覺到自己內在的能量或經驗情緒中的自然興奮感時，我們就會創造出鬧劇或痛苦好讓自己有點兒感覺。如果感覺關閉了，我們就創造出更多鬧劇和痛苦來感覺自己還活著。沒有辦法有感覺的人常常費盡心機以求得某些感覺，有時候，甚至不惜使用暴力。

如果能全然覺察到所有情緒，即使是負面情緒，也能使我們感覺到興奮，因為我們知道自己正在療癒。我們能在感覺中覺察到所有感受的細微之處，我們稱之為情緒和痛苦的其實只是體現在某些特定的情境中的能量。帶有意願地感覺、敞開自己，就能讓我們再度感覺到活著，而不需要製造鬧劇、負面情緒或痛苦。

THINK · FEEL · DO

今天，允許自己花些時間好好去感覺。進入一個最戲劇化、痛苦、不悅的情境中，專注在最強烈的感受上。專注的同時，允許自己全然感受它的變化。現在，請注意下一個感受的能量會如何體現。體驗和擁抱每一種感受，讓身體和情緒的痛苦都能得到釋放和展開。施行的同時，你會發現一種適用於所有情境的自我療癒方式。透過體驗，讓自己得到療癒的感覺真好。向前移動的感覺真好。

如果感覺被關閉　我就會創造鬧劇和痛苦來感知自己還活著

Any area that is not successful in my present relationship is a result of competition.

270 念

我父母關係中的不成功都來自於競爭

　　有時候，每個人都會為自己而奮鬥，明顯或不著痕跡地不惜犧牲夥伴關係，以獲得成功。競爭是較低層次的意識，導致權力鬥爭和死寂。它會破壞關係，因為雙方都嘗試滿足自己的需求，而不是共同努力找到共同目的。競爭讓我們相信自己不是優於就是劣於另一半，這樣的想法於關係無益。帶有意願地療癒競爭，自然就有了親密、接觸和溝通。這些才會帶來成功。

THINK · FEEL · DO

　　今天，看看你關係中哪裡不成功。你在競爭些什麼？和伴侶分享你找到的答案。無論你讓伴侶優於或劣於你，都向他道歉，針對你找到的每個答案分別道歉。一旦你開始承認自己的這些地方，就能發現自己穿越競爭，關係也大步躍進。你的敞開和意願能夠療癒關係中所有暗藏的面向，讓你和伴侶得以一同前進。

A relationship is about stretching not stretch marks.

271 倉

關係的重點在於成長以及冒險進入全新的領域，將自己擴張至舒適區之外。妊娠紋（擴張後遺留的痕跡）只是過去的傷疤，一些尚未轉化完成的黑暗功課。關係的重點不在於過去或現在的傷疤，而在於我們如何跨越自己的放縱、跳脫犧牲的角色和義務，在尋找真理的路途中，發現在自己身上的禮物。

關係的重點在於將自己擴展向他人。帶有意願地認識到關係的真相，我們就能看見自己已經學會了多少、成長了多少。關係的目的在於放下錯誤的自我概念，同時發現和擁抱更多真實的自己。

THINK · FEEL · DO

今天，花些時間反省你的關係。要求自己記住，在關係開始之前你是誰，當時你生命中有什麼缺憾，有什麼是你不喜歡的。

現在，看看你和伴侶從關係建立之初至今成長了多少、成熟了多少，彼此又變得多麼善解人意和有耐心。我們有多少檯面下的感受浮現到表面並得到療癒？意識到療癒那些需要多大的勇氣？還有在自己心裡應對了哪些衝突的地方——那些躲藏在角色之下的對自己的感覺，那些金玉其外、敗絮其內的部分。認識到你和伴侶一起，也正因為伴侶的存在，你已經取得了多少成就。這麼做的同時，你也會發現一份對自己、對伴侶以及對這段關係的感激之情油然而生。

關係的重點在於擴張 而非擴張遺留的痕跡

I can be in heaven with every person I meet.

272 合

置身於天堂

我可以和每位我遇見的人

只要我們能讓自己感覺良好，我們就可以和每位相遇的人一起置身於天堂！方法非常簡單，我們只要選擇付出自己的愛就可以了。我們要給人的究竟是評斷還是愛，這永遠是自己的選擇。

我們的決定反映出我們對自己的想法。置身於天堂只是給予遇見的每個人全然的自己。給出這麼多自己可以一舉擊潰對方的心防，讓他們和我們一起置身於天堂。

THINK · FEEL · DO

今天，選擇與你遇見的每個人一起置身於天堂。對他們多多付出。彼此共享美好時光！跳舞歡慶！宇宙正在舞蹈，因此也讓自己喜樂地舞動吧。今天、明天，從此以後，每天一早醒來遇見的人，都和他們一起跳舞吧。

The greatest art is the art of being myself.

273 倉

做自己通常來自活出自己的使命，而不是活在別人的認可之下。我們的使命就是，做自己做得比全天下的人都好。

如果我們不做，如果我們不忠於自己，那還有誰會忠於我們？如果我們沒有實踐自己來地球上要做的事，就沒有人能代勞。那些任務就這樣被閒置一旁，直到我們願意給出自己的那部分，直到我們願意做自己。大部分人對自己的使命感到畏懼，也害怕自己內在被召喚的「偉大」。

恐懼自己使命的同時，我們也恐懼自己的愛、熱情和快樂。大部分人覺得自己無價值，或試著控管自己的好感覺，不讓自己被快樂淹沒。這些症狀都展現了帶領我們遠離真相、願景和自己的偉大的畏懼。最偉大的藝術、最崇高的禮物就是做自己。盡情甚至放肆地做自己是展現我們對世界的熱愛。在我們打開自我臨在的同時，就等於把自己當作最佳的禮物奉獻給生命。

THINK · FEEL · DO

今天，想像自己正在繪製一幅美麗的傑作。這幅傑作就是你的生命之圖。做自己就是成為充滿靈感的藝術家，既是揮舞真實色彩的畫筆，又是美麗的畫作。最偉大的藝術就是做你自己，因此，將自己這幅傑作當作送給生命的禮物吧。

最偉大的藝術是做自己

I cannot meet past needs in the present.

274 念

我無法在現在　滿足過去的需求

許多人選擇伴侶的目的是彌補過去未能滿足的需求。我們選擇現狀的標準一直是要彌補過去的缺憾。問題在於我們開始因為過去的遭遇將伴侶當作人質。我們試著控制他們，要他們以某種特定的方式付出和照顧我們，藉以在現在滿足過去的需求。

但過去的需求永遠無法在現在被完全滿足，因此若我們願意放下過去時，就能真正享受伴侶的真實模樣。嘗試在當下活出過去會限制我們的關係，同時也限制伴侶，讓他們無法對我們給出所有想給的。當我們放下過去時，療癒便發生了，這時我們就能在當下就收進我們當時嘗試獲得的。在嘗試重塑過去的過程中，我們永遠都不會滿足；不過矛盾的是，當我們放下過去時，過去的需求反而會得到滿足。

THINK · FEEL · DO

今天，將不成功的關係情況看作是你試圖滿足過去需求的下場。是誰沒有滿足你這些需求？當你看見過去開始浮現時，請帶有意願地放下，帶有意願地將它們交託給神，讓自己可以繼續向前，享受所有現在你想要被賜予的事物。停止對已經枯萎的花朵怨聲載道。你正在花園中漫步呢，只要抬起眼皮，就能看到你身旁是怎樣的花園錦簇。

"Note

_____

_____

_____

_____

_____

_____

春

燕雀啼曉，千山轉碧。

冰雪融，淺草出。
我們泛舟於桃花江上，
倚東風，舞蝶影，
共譜一曲，真愛的了悟之歌。

罪疚感強化了

我想逃離的事物

275 章

心理學最簡單的事實就是，我們強化的事物會成為現實。罪疚感是強大的強化動力，會強化我們設法逃離的事物。當我們心懷罪疚時，我們試圖逃離的事物卻反而在心頭盤旋不去，我們完全執迷不悟。

這種執迷會造成兩種行為模式：一種是我們為了不重蹈覆轍，而完全抽離自己和脫離生命；另一種則是我們會做出自己不想做的行為。例如，如果某人殺了人，產生的罪疚感會讓他開始自戕；不然他就會又開始產生某種暴力的欲望想殺人，藉以替罪疚感開脫，如此便陷入了惡性循環。

罪疚感是行不通的，因為那是一種用自我毀滅來逃避功課的方式。人生在世，孰能無過？只要帶有意願地放下罪疚感，我們就能明白錯誤可以修正，功課可以學成。

THINK · FEEL · DO

今天，寬恕自己。將罪疚感交託給神，他比我們更有智慧。神只看得到你的完美，也知道沒有什麼是需要寬恕的。罪疚感會牽絆住我們向神靠近的步伐。不要讓罪疚感阻礙你活出生命。放下罪疚感，它才不會變成你和你愛的人之間的隔閡。放下罪疚感，學會功課，然後向前移動，因為你的純真可以療癒世界。

Every swamp gets its rock.

276 商

在所有關係中，都有沼澤和石頭，代表兩種截然不同的溝通風格。基本上，當一方變得像是沼澤，另一方則像是石頭。沼澤非常情緒化，容易將溝通指向個人；而石頭容易一概而論，解離和訴諸抽象概念。石頭內斂沉默，沼澤則容易歇斯底里。石頭自我否認，然後落入犧牲，沼澤則是自私，容易自溺。沼澤是天生的演說者，石頭則是天生的聆聽者。

石頭總是會和沼澤陷入愛河，因為他們喜愛沼澤散發出來的流動和自由的性能量。當然，沼澤也總是會被石頭的自信所吸引，他們會受到那些掌控得宜的人的吸引，至少第一印象是如此。之後，競爭就會揭開序幕了。沼澤擁有自然的性能量和流動性，石頭則有無數的規則，有時候，他們會淨化池塘到睡蓮都死光的地步。石頭是天生的給予者，沼澤是天生的領受者。沼澤可能過於敏感，石頭則常常不為所動。

瞭解這些溝通類型很重要，因為它們會形成權力鬥爭和競爭，將關係帶向死亡區。伴侶們必須學會石頭和沼澤的功課，才能穿越死亡區。瞭解每個人扮演的角色之後，沼澤可以堅實一些，石頭則要學習放鬆。當彼此放下競爭後，沼澤會將自己的情緒導入自然的水道，泉水也從石頭間湧出，創造出水流橫溢的豐饒土地。

THINK · FEEL · DO

今天，看看你的關係中，誰是沼澤，誰是石頭。開始向你伴侶的方向搭建一座橋。彼此靠近的同時，雙方都自然能獲得勝利。

每片沼澤中都有石頭

I will lose my partner's willingness to communicate if I make it all about me.

277 章

如果我把焦點全放在自己身上 伴侶就會失去溝通的意願

關係中最重要的秘密就是要體認到，若每次溝通的焦點都在自己身上，就會摧毀一段關係。我們的關係並非只為了自己而存在，而是為了伴侶和自己。

溝通中，石頭和沼澤常常會遇見一個問題。沼澤是天生的溝通者，他們容易將事情個人化，所以會喜歡談論自己和自己的感受。石頭則容易將自己解離，變得無動於衷，他們和自己的感覺很疏離，因此不善於處理感覺。

石頭會在關係中的三個關鍵時刻分享個人感受，在完全放棄前通常會分享七次。在這些罕見的情況下，他們會敞開心扉談論自己的經驗以及個人的感覺。有時候，沼澤會自我放縱，將石頭的那種個人分享轉為對自己的攻擊，其實只是為了再度將自己聚焦於鎂光燈之下。如果沼澤主導溝通，並且將故事的焦點轉回到自己身上，他們就失去了一次溝通的大好機會。當石頭甘冒風險、放下吊橋來透露自己的深層內在感受時，沼澤必須辨認出那些稀有的時刻。如果沼澤成功地聆聽並且支持石頭的溝通，石頭日後就仍敢冒此風險。

　　今天是支持伴侶和開啟溝通的日子。如果你是石頭，冒個險分享你的想法。這麼做的同時，讓沼澤知道你的溝通並非意圖要讓他覺得自己錯了。如果你是沼澤，支持你的石頭，讓他感覺到放心並放下吊橋。

　　要察覺到，有時候沼澤會鼓勵另一半分享，但當對方真的這麼做時，他又逃之夭夭了。當你請求伴侶分享時，請確保你沒有因為害怕他可能會說的話而把他推遠。沼澤們，不要把伴侶分享的事物當成另一個證明你不可愛的藉口。石頭只是在表達他的感受，他需要一吐為快才能繼續前進，他需要的只是一些支援和慈悲心。這時候沼澤需要借助石頭天生的抽象思維傾向和能力，不要將伴侶所說的當成針對個人的批評。

　　編注：「石頭」和「沼澤」是恰克 · 史匹桑諾博士用來形容關係中兩種截然不同的溝通風格的詞彙。請參考第 276 課。

歇斯底里和無動於衷

都是用來逃避拒絕的溝通模式

Hysteria and stoicism are simply different forms of communication designed to avoid rejection.

278 喬

　　沼澤天生歇斯底里，石頭天生無動於衷。當石頭有不愉快的感受時，他會嘗試壓抑自己，不被情緒所擾。他們將感覺藏在心裡，等待它們過去。沼澤容易對一切都大做文章，卻不碰真正困擾他們的感覺。歇斯底里和無動於衷都是用來逃避拒絕的溝通方式，但其實沼澤和石頭都在尋求認同。當然，這兩種模式都會導致權力鬥爭和誤解。

THINK · FEEL · DO

　　今天，鼓起勇氣冒險和伴侶分享心情。如果你是沼澤，看看你是如何逃避自己的真實感受，那才是真正要冒險的地方。只要帶有意願地感受，就可以推動關係向前。如果你是石頭，就更深入地探索自己，發現自己在逃避分享什麼。冒險去分享你的主要課題，能夠讓關係更好。

Swamps feel unloved, rocks feel misunderstood.

279 首

沼澤覺得沒人愛　石頭覺得沒人懂

　　無論沼澤接收到多少愛，他們總是覺得不夠。石頭覺得沒人在乎自己到能夠真正瞭解他們的感受。石頭其實是蚌殼，因為他們體內隱藏著沼澤。然而，雙方都感到得不到支持、不被理解。石頭覺得沼澤就是無法支持他們，沼澤卻覺得自己只能像水一樣滑過石頭表面，無法深入。沼澤總是感覺到自己童年時的缺憾，因此什麼事總是關於自己，石頭覺得童年時身邊的愛不夠用，因此必須放棄自己、犧牲自己。

　　在所有誤解中，石頭想要追根究底解決問題。沼澤沒有底線，只想要被碰觸、被感覺、被愛、被理解和被欣賞。解決問題的過程中，沼澤想要先被碰觸，然後一切就會大事化小、小事化無，反之，石頭通常不想在問題解決前被碰觸。石頭容易走視覺路線，眼見為憑；而沼澤容易走觸覺路線，感覺優先。基本上，石頭看不到沼澤的感覺，沼澤也感覺不到石頭的畫面。

　　石頭容易充當英雄，甚至是悲劇英雄或革命烈士。就某個層面而言，他們其實是試圖拯救他人或世界，因為內心深處他們認為自己根本無藥可救。沼澤只試著拯救自己，因此他們憎恨石頭把時間花費在別人而非自己身上。從這個角度看，沼澤是對的。如果石頭真的將自己的時間和能量付出給沼澤，隨之而來的結合就會創造完美的平衡和基礎，締造更大的成功。

THINK · FEEL · DO

　　今天，無論你是沼澤還是石頭，討論這些概念。分享你們兩人的差異點。和彼此溝通如何找到共同目標，然後透過它彼此獲得更大的理解。

Rocks have amnesia and swamps never forget.

石頭有失憶症　沼澤則永難忘懷

280商

　　石頭有失憶症，因為他們容易去想自己認為更重大的事情。對沼澤來說，則沒有任何事比自己更重大了。石頭容易遺忘紀念日和生日等重要的日子，也容易忘掉過去發生的事，但沼澤永遠不會忘記周年紀念日，也絕對不會忘記過去的恩恩怨怨，尤其是石頭還沒道歉的那些。

　　沼澤需要分享他們對過去的感覺。石頭則需要讓沼澤知道，無論過去石頭曾做過或説過什麼，他們都很愛沼澤。沼澤需要一遍一遍被提醒自己是被愛的，他們心裡有大量歷史證據證明自己不被愛，因此需要對方讓自己安心、提醒自己是被愛的。當然，石頭早就已經把自己所説或未説的忘得一乾二淨了。如果石頭已經對沼澤説過一次「我愛你」，那應該就已足夠了。若石頭願意靠近沼澤，讓他們安心，而沼澤願意放下過去，雙方就能攜手共同前行了。

石頭是天生的給予者，沼澤是天生的領受者。石頭是天生的浪漫主義者，如果他們記得在關係中保持浪漫，並且持續用千萬種有創意的方式對沼澤付出，他們就能持續推動關係向前。當石頭展現自己的感覺時，可能會令沼澤大吃一驚。沼澤擁有接收石頭的付出的能力，如果沼澤真的想要將關係向前推進，只要對石頭付出，也絕對會讓石頭大呼意外。

THINK · FEEL · DO

今天，無論你是什麼類型，對你的沼澤或石頭伴侶做出承諾。真心選擇他們，因為這個承諾會將你們帶往下一個階段更高層次的諒解與親密。石頭，記住你們的沼澤，靠近他們、對他們付出，記住所有重要的事物，並且用非常個人化的語調和他們溝通。沼澤，是時候站在石頭伴侶的角度想想了，帶有意願地對他們付出，好讓關係得以向前移動。

Being a rock means never having to say I am sorry.

281 寄

　　石頭痛恨罪疚感，因為罪疚感讓他們感覺自己是個罪人。他們認為自己在生命中曾經完全搞砸過，而且尚未完全寬恕自己，因此他們想要拯救世界，以彌補自己的罪疚感。他們感覺自己鑄下滔天大錯，因此必須犧牲自己，但由於內在罪疚感在作祟，無論他們做出多少犧牲都不夠。石頭痛恨道歉，因為那感覺像是承認自己內在有多麼罪疚。

　　沼澤總是道歉不絕於口，努力貶低自己。他們不覺得自己做錯了什麼，但他們本身就有問題，因此儘管他們自小就感覺需要愛和關注，長大後卻無法領受，而且永遠覺得別人給的愛不夠。無論石頭犧牲多少或付出多少，都無法讓他們安心。

　　沼澤擅長溝通，也善於抱怨或批評。石頭痛恨批評，但他們容易做過頭或學習過頭，好讓自己免受批評。對沼澤來說，石頭永遠都不夠好。石頭總是扮演「錚錚鐵漢」的角色，試著向全世界證明自己在多麼艱困的處境下存活，有時候甚至會做傻事來測試自己的極限，因為他們想藉

石頭意味著永遠

都不用說對不起

由證明自己來擺脫基本的罪疚感。他的座右銘是：「不管多麼難，我都罩得住。」沼澤則什麼都承受不起，如果他們受到抱怨或批評，就容易畏縮、消失、逃走或陷入更典型的沼澤行為模式。如果能瞭解不同的溝通風格，就能知道雙方多麼容易造成誤解。體認自己找到天生的另一半，就能擁抱自己的缺憾，擁抱另一半，並讓自己、伴侶和關係都向前移動。

今天，花些時間欣賞你的伴侶，他們必須表現出你所缺失的一面。沼澤的超級敏感彌補了石頭的無動於衷。石頭越是拉開距離，沼澤越是抱怨連連。若能彼此結合，才能真正達到平衡並向前移動。瞭解另一半和各自扮演的角色後，你便可以將幽默感帶入情境中。現在是時候擺脫那些角色，找尋更適合你們的溝通方式了。

You can't get blood from a rock.

282 高

　　當石頭和沼澤陷入權力鬥爭時，場面絕對不好看。石頭越發鐵石心腸，假裝一切都無所謂，他們將伴侶阻隔在石牆外，將所有感覺藏在心裡，不過卻有火山爆發的危險。沼澤也變得更黏膩，更需索無度。

　　如果事態兩極化，以致變成一場大型的權力鬥爭，沼澤會成為吸血鬼，把每件雞毛蒜皮的小事的矛頭都指向自己，他們試著榨取石頭的所有情緒、關注、愛或任何一種能量。當然，石頭的反應是更加無動於衷，面對吸血鬼，他們會拿出一種「你吸不到石頭的血」的態度。通常，還小的時候，石頭的血就被父母中的一個吸乾了，因此現在自然會對吸血鬼築起防衛牆。當關係中的權力鬥爭失控，沼澤變成吸血鬼時，石頭就容易退縮、躲藏和消失。

THINK · FEEL · DO

　　今天，呼求老天的協助來療癒這場權力鬥爭。想像你是個孩子，寬恕像石頭一樣不管你需求的父母，或是像吸血鬼一樣想把你吸乾的父母。作為一顆石頭，呼求老天的協助，讓老天所有的能量都流經你進入另一半體內。作為一片沼澤，呼求老天的協助，讓你將真心付出給另一半。要測試你是否是真心付出，只要看石頭有沒有遠離你或緊閉起來就知道了。如果有，表示某種程度而言你是為了索取而給出。你只需要呼求老天的協助，讓你找到內在所需的能量來對伴侶真正付出。

你吸不到石頭的血

Swamps want what rocks get, but cannot receive.

283 書

當關係趨向兩極化，石頭容易把沼澤最需要的東西送出去給每個人。因為天性敏感，沼澤天生具有同理心，石頭天性慷慨大方，能普遍接收到四周的讚譽和致謝。不過，石頭對於那些讚譽通常是左耳進右耳出，因為他們不願相信可能會改變的事物。小的時候，石頭是快樂的，但一切突然風雲變色，使他們的世界四分五裂，他們就不再輕易信任接收到的讚美和好話。當然，沼澤很樂意接收這樣的讚賞和認可，但他們害怕靠近他人，因為恐懼自己會被所有人的感覺淹沒。沼澤似乎缺少天生的界線，他們不只能感覺自己過盛的感覺，同時也會感覺其他人的感覺並與其共振。

當沼澤敏感過頭時，石頭就會變得無動於衷，因為他們之前曾感覺被侵犯，曾遭受情緒勒索。石頭容易儘量不為所動，對於付出的喜悅、嘗試索取的人、可能領受的讚美或批評都是如此；沼澤恰好相反，他們非常敏感，他們會為了一個讚美而歡天喜地，也喜歡被欣賞。

簡單的讚美會讓沼澤飛上天，批評則會讓他們掉落地獄。他們無法將自己與批評拉開距離，他們不知道哪些應該還給批評者，哪些可以引以為鑑，值得欣然接受。於是，沼澤容易予以還擊或自我貶抑。這樣的情形實在令人無法招架，因此沼澤容易限制自己對他人的付出。

THINK · FEEL · DO

今天，如果你是沼澤，對自己給出你所想要的。如果你想要認可，先給出認可，這會讓你感到滿足。如果你是石頭，不要懷疑你所得到的，不要認為這只是一種圈套，相反，帶有意願地讓它深深進入你的內在。你可以察覺到其他人是否從純粹給出轉變成為索取而給出。這種時候，你可以說出自己的自然界線，而不是感覺被剝去外殼，全身赤裸。

沼澤想要石頭得到

卻領受不了的東西

Rocks hate happiness because they are afraid.

284

石頭痛恨快樂，因為他們害怕接下來的發展。他們不信任好時光或讚美，因為他們知道棕樹主日之後就是耶穌受難日。石頭不願意放下控制、純粹享受，甚至連一小段時間都不肯，因為他們知道快樂的出現預言了衝突的浮現。石頭永遠不肯讓自己柔軟下來，因此他們總是處在備戰狀態。他們很適合共患難，因為即使天崩地裂的前兆出現，也嚇不倒石頭。

THINK · FEEL · DO

今天，無論你是沼澤還是石頭，明白在你們抵達關係中更高層次的親密或生命中更高的成就時，通常就要準備好要從峰頂進入下一個谷底。沒錯，下一場衝突必會發生，而它發生的原因是你們已經抵達新的層次，可以處理人生的下一個問題。帶著真正的理解，你們可以輕易通過考驗。記住，答案會和問題一起產生，你不需要在衝突裡逗留。穿越衝突最好、最成功的辦法就是願意給出到一定程度，讓自己從這一個山頂一步跨到下一個山頂。

My relationship is a reflection of me.

285 音

石頭會以石頭的眼光看待關係。換句話說，他們覺得關係並非一種滋養，也沒有給予他們所需的理解。關係看似充滿控制性和困難。石頭所體驗的關係就是一顆頑石——是沉重的負擔和犧牲。

對沼澤來說，關係的經驗也如沼澤般泥濘，無法給予他們所需要的支援，也不是專為他們量身設計。關係耗費他們的能量，他們覺得那些能量本來應該自然屬於自己。沼澤透過布滿泥點的眼鏡看待關係，因此有許多無的放矢的情緒和不明確的方向。

THINK · FEEL · DO

今天，開始從更大的視角檢視你的關係。坐下來、閉上眼睛，想像你自己融化為自己的純能量。現在想像你的另一半，可能是石頭或沼澤，同樣融化為純能量。讓你們所有能量匯聚在一起，然後觀察從中誕生出什麼。你可能會感覺到差異或看見差異，無論如何，這都是一大進步。那是關係的全新形式。

我的關係映射出我自己

What I hold against anyone keeps me from feeling loved.

286

抵制任何人的行為

都會讓我感覺不到愛

當我們對任何人有所評斷或怨懟時，就是在與他們拉開距離並關上領受的門。我們抵制他們的部分阻礙了我們感受被愛的感覺。周遭的人可能深愛著我們，但我們無法感受到，因為我們自己關上了大門、保持距離。帶有意願地放下評斷，打開大門領受吧。

THINK · FEEL · DO

今天，放下所有你對他人的怨懟。祝福他們，感覺自己再一次打開大門領受，感覺所有的愛穿過這扇大門，感覺所有迎面而來的富足。

Vision is leaping the abyss to love and leaving a bridge for others to follow.

287 章

　　願景表示徹底給出自己到了掏心掏肺的地步。這種愛和這種給予帶領我們看到未來，並找到對每個人都好的出路。願景讓我們可以從無意識心靈的深淵躍升出來，跨越空無。願景讓我們進入更偉大的愛，讓我們看到新的答案。於是我們可以搭建一座橋方便後人，找到能夠描述不可言喻事物的語言。當人活在願景中時，就是在活出使命，將自己的天賦以真正創造性的方式給出去，讓跟隨我們的人得以安全無虞地抵達。

THINK・FEEL・DO

　　今天，明白在你眼前的是一個給出願景的很好機會。無論情況是艱難還是簡單，愛都可以從更高的層次誕生。你全然、徹底地給出自己的意願，就能夠讓這種愛再度降臨地球。

願景是從深淵躍升至愛
並留下橋梁供後人使用

When I feel I did not live up to my parents' expectations, I really believe they did not live up to mine.

288 宮

當我覺得自己沒有符合父母的期望時　其實是認定他們沒有符合我的期望

許多人相信我們沒有符合父母的期望，因此總是覺得自己不夠格，仿佛自己永遠不夠好。有些人會成為完美主義者，其他人則自暴自棄，更加覺得不夠格，甚至到了神經質的地步，以致永遠不會滿意。這裡有個有趣的現象：如果我們認為自己沒有達到父母的期望，其實是認定他們沒有符合自己的期望。我們認定他們對我們而言不夠好，沒有達到我們對父母的期望。無論父母有什麼行為，這種態度都會讓我們感覺自己沒有達到他們的期望。帶有意願地放下期望，將會讓我們和父母都獲得自由，讓大家都能向前移動。

THINK · FEEL · DO

今天，帶有意願地改變你對父母的態度。接下來的練習有四個部分，可以作為說明你改變的實驗。

第一步，閉上眼睛，想像你小時候父母的樣子，以及你如何認定他們是失敗的父母。注意這種態度帶給你的感受。

第二步，想像你父母現在的樣子。可憐他們，替他們感到難過：「哦，我可憐的媽媽。哦，我可憐的爸爸。」他們沒有做好，但現在你覺得自己凌駕於他們之上，因而為他們感到難過。看看你在這個情況中的感覺，還有你對自己的感覺。

　　第三步，再度想像你小時候父母的樣子。這次要理解，他們已經在所處的內外環境、童年經驗和所經歷的事情的背景下盡力做到最好了。以他們所具備的知識，這已經是他們所能做到的最好的事情了。當你用這種態度看待他們時，注意你對他們和自己的感受。

　　第四步，想像你為了某個特定目的而選擇了你的父母——他們映射出你的心靈最重要的投射部分，那些你要療癒、搭橋、整合的部分。你選擇他們，作為最能幫助你學習此生功課的人。現在，你有什麼感覺？你對自己有什麼感覺？

　　如果你真的做了這個實驗，就會看到是你對父母的態度決定了你的經驗。如果你的態度沒有創造出最好的結果，你可以重新選擇。

All accusations are self-accusations.

所有指控都是自我指控

289

我們指控任何人的事情，都是指控自己的事情，每次攻擊他人都是在攻擊自己。我們評斷他人的行為，但評斷下隱藏了罪疚感。每次我們指控他人，其實都是在懲罰自己感到罪疚的部分。如果我們能記得，這些人會有這些行為是因為他們有某些需求，我們就能用付出取代指控。付出、支持和寬恕能夠讓他們綻放開來，並且將我們自己從這種情境中解放。

THINK · FEEL · DO

今天，學習真正的自由。看看你的世界，你在哪裡感到怨懟或評斷？放下你對他人的指控，帶有意願地給出和支持他們。將自己從受困的情境中釋放出來，寬恕對方，因為放下指控讓你能夠體驗到內在的自由和純真。

My relationship will change as I change.

290 高

当我們要替自己和關係創造迅速的改變，方法就是停止抱怨、停止責怪另一半和停止怨懟不休。帶有意願地先改變自己會讓關係變得更好。我們向前移動的同時，那一步的吸引力自然會帶著我們的伴侶一起改變。我們伴侶卡住的地方，就是我們不願向前一步和改變的地方。所有關係中卡住的地方都能被改變，只要我們願意向前跨步。

THINK · FEEL · DO

今天，檢視你的伴侶和關係卡在什麼地方，你想要怎麼處理。帶有意願地請求宇宙替你創造改變。請求你的高層心靈將你向前推動，讓改變得以發生。你的意願將會自然且輕易地推動你向前，伴侶和你都會感到煥然一新。放下所有怨懟，它們只會牽絆住你向前的腳步。

我先改變　我的關係就會隨之改變

My willingness to find what feeling the conflict hides creates a major growth opportunity.

291 宮

當我有意願體悟衝突所掩蓋的感覺時 就有機會創造出巨大的成長機會

在每個衝突的兩端，雙方都藏有秘而不宣的感覺。如果我們願意找到自己隱藏了什麼過去不想感受的東西，就能替自己創造出巨大的成長機會。在燃燒過這些感覺之後，我們自然會向前移動，衝突也開始轉變。我們會移動到全新層次的療癒和連結感，溝通也隨之啟動。

THINK · FEEL · DO

今天，看看自己哪裡處於衝突之中。你隱藏起來的感覺是什麼？不要害怕這種感覺，帶有意願地感覺它，直到它完全消失。經歷燃燒的過程，一切都會變得更好。

If I really want it, there is a way.

292 頁

如果我真的想要 就一定會有方法

藉由心靈和選擇的力量，如果我們真的想要，就一定會有方法要到。我們的渴望和意願總是能敞開大門，迎接解決方案。只要我們真心想要，就總會有方法出現，甚至有奇蹟發生。當然，想要的東西會傷害我們的情況不能算。因為那種時候，我們常會覺得有些曖昧不明，因此並非全心想要。

有些人臨死前會尋求療癒，並且能夠得償所願，這讓他們晉升至更高層次的理解和人生。其他人在瀕死時會尋求奇蹟，但又暗自害怕願望成真，因為奇蹟的出現會與他們本來的信念系統相牴觸。他們寧願用死亡來堅持自己是對的，也不願改變自己的信念。只要我們願意改變自己的信念，改變內在緊緊的死結，就會有出路，即使目前仍無法看到那樣的願景。我們只需要全心嚮往。

THINK · FEEL · DO

今天，你生命中某些領域可以達到全然成功的境界。你只需要幾秒鐘專注在那個事物上並全心嚮往。一切都會水到渠成。

The greatest fear is the fear of happiness.

293 高

人們害怕快樂更甚於害怕死亡，這一點顯而易見。抬頭四望，我們認識許多死去或垂死的人，幸福快樂的人少之又少，擁有幸福關係的人更是稀少。我們最大的恐懼是對快樂的恐懼，也是對愛、對神的恐懼。找到神，代表我們會完全順服，擁有所有對生命的答案，也會全然地快樂。對快樂的恐懼是對於全然臣服的恐懼，必須放下所有自己行事的方法，同時融化所有阻礙、控制和規矩，儘管它們是我們過去賴以維生之道。

THINK · FEEL · DO

今天，放下你對於什麼事物能夠帶來幸福快樂的想法。現在是該停止師心自用、辭退自己老師的時候了。呼求老天的協助，請祂讓你看見什麼能使你快樂，並給予你享受的力量。

人最大的恐懼

是對快樂的恐懼

I am always in the perfect place to learn the lesson I most need to learn.

294 書

　　一切都是彼此連結的，沒有什麼是意外。我們總是處在能讓自己學到最迫切需要的功課的完美處境中。「當學生準備好時，老師就會出現。」當我們準備好的時候，所處的情境就會呈現，我們在這個人生階段最需要學習和成長的功課。所有人的出現都是要協助我們向前移動，教導和支持我們。

THINK · FEEL · DO

　　今天，花些時間瞭解你現在的處境就是最完美的學習場所，這樣可以協助你進行療癒，並幫助你迎向此人生階段所需的成長。

我現在的處境　能讓我學到最迫切需要的功課

我和快樂的關係

就是我和自己的關係

295 _寬

　　我們可以輕易看出自己有多快樂，因為快樂就是我們願意對自己給出多少，還有我們願意允許自己享受多少。通常，我們不明白自己多麼受疼愛，以及自己願意領受多少，就能獲得多少的道理。許多祝福、禮物、快樂體驗和喜悅、充滿愛的情境和我們擦肩而過，只因為我們不夠敞開。當我們選擇在和自己的關係中注入更多快樂，其實也會提升我們在每一段關係中的快樂，特別是和真愛伴侶的關係。

THINK · FEEL · DO

　　今天，好好檢視一下你的快樂。無論是多是少，你都能夠體驗到更多。關鍵在於提升你和自己的關係中的快樂指數。你對自己好不好？不要對自己太嚴苛，帶有意願地放鬆和享受自己，帶有意願地對自己付出。

What I receive is what I think I deserve.

296 曾

透過我們所領受的，可以測量出我們的自我評價及自認為值得領受的程度。如果我們感覺自己不配得任何事物，認為自己毫無價值，就不會允許自己領受。我們是配得到的，我們本質上就有價值，和我們的作為無關。我們是神之子，我們配得到一切。

▌ THINK・FEEL・DO

今天，承認你是配得到的、有價值的。你配得到是因為你是神之子，你永遠都被神的天心所愛著、記著。你天生就有價值，因為你有能力創造和給予生命。帶著你的愛，你可以為世界帶來新生。

我領受的是 我覺得自己值得領受的

我的使命帶來滿足

297

活出使命是找到快樂的關鍵之一。許多人不明白自己的使命為何，但使命不全然是我們的作為，反而是我們的存在。我們越是打開自己、追求成長，就越能聽到自己真心想要的召喚，越能找到快樂。從事我們真心想做的事，能夠帶來快樂和滿足。

THINK · FEEL · DO

今天，帶有意願地聆聽自己真心想做的事情，並遵循它的召喚，這才是回家之道。活出使命能帶來滿足，這是你能在關係中分享的絕佳禮物。

Those around me are in service to my mind.

298 高

我們身邊的每個人都是為了服務我們。上帝會以上千種喬裝面貌來到我們身邊，告訴我們自己是如何遠離了祂。每個人都想幫助我們重新憶起自己，他們是上帝對我們的召喚。如果我們無法愛眼前所見的人，又如何愛肉眼所不能見的上帝呢？帶有意願地穿越所有喬裝，就能明白上帝無所不在。

若我們不讓評斷阻擋自己（其實是我們的評斷限制了周遭的人），這樣我們就能在周遭人的身上看見上帝。事情將帶著喜悅和成功往前發展，我們也會感覺到自己是怎樣被愛的。在所有人身上看見上帝，讓我們感受到存在於每個時刻的喜悅。

THINK · FEEL · DO

今天，練習在親近之人的身上看到神。一整天都看著他們的眼睛，讓視線超越他們的軀體，看到上帝正對著你微笑。當你發現自己在每個人身上都看見神時，好好享受神為你準備的所有愛和禮物。

我身邊的人會服務我的心靈

299 寄

只要是我全然看重的事物

我就不可能失去

所有人都曾感覺自己是受害者，被失落、遺棄、變化多端的情況所傷害，感覺自己被遺漏在外，但其實我們全然看重、全然承諾的所有事物都是我們的。我們會因失落而受苦的唯一原因是，在某個時刻，我們已經停止看重這個人或事物，轉而追求身外之物。我們失落的地方其實是我們有所依附的地方，透過看重身外之物來補償無價值感。

執著永遠是不屬真的，甚至會讓真實的變得不真。我們執著的程度，就是遠離自己中心的程度，這會帶來妄想、犧牲，甚至是自毀。我們的執著成為快樂的儲藏室，因此我們必須掌控全域，確保快樂的來源安全無虞。來自外在的快樂永遠無法全然支援我們，相較之下，看重他人和自己來得更加輕易。

THINK · FEEL · DO

今天，請求宇宙帶領你回到自己的中心。帶有意願地要回你的快樂和價值，而不用仰賴自己以外的東西。好好地感覺快樂和價值全然在你心中。這麼做的同時，記得自己擁有選擇和承諾的力量，當你覺得自己失去某個人或事物時，對這種情境給出你的快樂和價值。當你全然對某個事物給出時，你給出的會成為你的。請留意當情境對你敞開，你就能再次感受到你與那個人或事物的自然連結。

My relationship is the reflection of my belief system.

300 日

我的信念系統

我的關係映射出

如果我們不相信自己的關係十全十美，這樣的信念便會成真。如果我們認定異性一定是怎麼樣，那些信念也會成真。我們所相信的，就是關係中伴侶和自己會展現出來的樣子。我們的關係透露出自己的信念系統，因此如果我們不喜歡自己所擁有的現況，那麼改變心念就能改變現況。

THINK · FEEL · DO

今天，看看你的關係告訴你什麼？它告訴你，你對男人有怎麼樣的信念？你對女人有怎麼樣的信念？對於性有怎麼樣的信念？對於愛有怎麼樣的信念？對於支持呢？對於溝通有哪些信念？

如果需要的話，可以用紙和筆記錄下來。寫下一些項目，例如性、金錢、愛、男人和女人等，在每個項目旁邊寫下你關係裡的現況。在第三個欄位中，寫下是怎樣的信念造成這樣的情況，好好檢視自己的每個信念。如果你不喜歡其中的某些信念，或覺得有改善的空間，就加以改變。花些時間對每個想改變的項目說：「這是個錯誤，我現在選擇要＿＿＿＿＿＿。」發揮心靈的力量讓自己向前移動。

罪疚感造成退縮或侵略

301 晉

當我們感覺到罪疚時，就會退縮，因為害怕重蹈覆轍。我們可能因此將自己抽離出生命之道，或攻擊身邊的人，藉以擺脫那種罪疚感。同樣，如果我們將罪疚感加諸身邊的人身上，他們就會以退縮或侵略的方式予以還擊。所有人都痛恨罪疚感，那是我們總想要傳給別人的燙手山芋。我們從來不想替自己的罪疚感負責，因為那感覺太差了。那是具有破壞性的幻相，會在內外製造出我們想停止的事物。帶有意願地放下罪疚感，就能允許我們記起自己和所有人的純真。

THINK · FEEL · DO

今天，看看你生命中哪些地方呈現出退縮或侵略，對你而言那些就是行不通的領域。問問自己在哪些地方心懷愧疚，才有這些表現，然後放下它們。憶起自己的純真後，支持自己和身邊的人，這樣就能推動所有人往更高層次的成功邁進。

My innocence is one of the best gifts I can give to my partner.

302 富

我們的純真讓伴侶得以在我們面前展露，讓他們能夠給出想要給我們的所有禮物和愛。在純真中，我們感覺全然被愛、充滿創意，覺得自己人生中的一切都順暢無阻，這自然會讓我們伴侶的生命也更順利。我們的純真程度會反映在我們能自由地愛伴侶和身邊所有人的程度上，也反映在我們能自由地給出自己的創意禮物、獻給這個世界的程度上。我們的純真為關係帶回了驚奇和美好，它召喚回魔法。我們的純真祝福了我們的伴侶，因為那讓他們感覺到被愛和受珍惜，同時體驗到生命這個至寶。而對我們來說，純真能帶來我們嚮往已久的愛。

THINK · FEEL · DO

今天，選擇純真。在所有情境中盡可能地感到純真無罪。所有浮現的歉疚感都希望被解脫、被放下。歡迎它們，即使它們似乎是來自於外界，讓你的純真成為真相，讓所有歉疚感都加速離你而去。讓純真敞開你，以收進所有給予你的禮物，然後你就能將所有禮物給予伴侶。純真是沒有罪疚感的狀態。那是你的真正價值所在，明白你是有價值的，而價值並非來自你的職業或作為，而是來自你的存在本身。

我的純真 是我能給予伴侶的最佳禮物

擔
心
是
一
種
攻
擊

303 高

　　人的擔憂是一種恐懼，而所有恐懼都來自於攻擊性的思想。當我們為某人感到擔憂時，就是對他們自身或他們面臨的情況沒有自信。擔憂表示可能會發生負面情況，因此我們把心靈的力量用於製造沒信心的態度，讓恐懼滲透進現實。擔憂會攻擊現況，選擇祝福能夠幫助穩定情況及相關人士。

THINK · FEEL · DO

　　今天，每當你感到要擔憂某人或某事時，就祝福自己。你的祝福表示你信任並做出正面的選擇，讓情況中的所有人都能有最好的發展。

What I love, I become.

304 曺

我們自然會受到自己的所愛吸引。我們越靠近自己所愛，就越享受自己，也會開始與之共振。當我們驀然回首，發現自己的所愛同時也在我們的內在，那麼給出和領受愛、在愛中分享與結合就能發生，它們讓我們明白自己即是愛。我們將所愛的事物栽種進心裡，並讓它們蓬勃發展成一片花園。我們想將之給予每個人，讓他們也能領受我們所享受的禮物。享受總是希望被分享出去。

THINK · FEEL · DO

今天，看看誰是你的所愛。你在對他的愛裡最享受哪些地方？讓自己對這個人或這種情境油然生出一種感激。感激讓你能和正在經驗的禮物產生更強烈的共振。你的感激不只敞開了愛之大門，更提升了愛。

我所愛成為我所是

Not trusting others is really not trusting myself.

305 高

當我們不信任別人時，其實是不信任和他們在一起的自己。我們相信自己一定會被利用、一定會被佔便宜，因為我們對這種情況沒有信心。如果我們信任自己，就可以和一群看似最不值得信任的傢伙待在一起，卻依然有自信和他們共處並創造出成功的局面。如果沒有信任，就算和一群最值得信任的人在一起，我們仍然會感覺遭到背叛，因為我們沒有自信去溝通，無法得出能讓情況向前推進的關鍵。

THINK · FEEL · DO

今天，看看你在哪些地方不信任人，在這些地方給予自己自信。給予自己足夠的信任，與他人溝通你需要什麼，好讓事情更成功。

不信任他人　其實是不信任自己

The extent of scarcity in my relationship is the extent of
my competition.

306 蜀

關係中所有不豐盛的地方（無論是溝通、金錢、性、自由時間、快樂幸福還是其他），就某種程度而言，都是我們堅持己見或自以為比伴侶略勝一籌的地方。在那些領域中，我們爭著要伴侶滿足我們的某些需求，或在他們實現之前要求情境滿足我們。匱乏的程度反映了我們距離夥伴關係有多遙遠。

THINK · FEEL · DO

今天，看看關係中哪些地方你還想擁有更多，開始在這些地方打造夥伴關係，並且開始支持你的伴侶。當你開始支持伴侶，這些地方的匱乏便漸漸消散。

越競爭就越匱乏

我在關係中

Never quit dating.

307

永不停止約會

如果我們想讓關係保持蓬勃的生氣，我們就要持續注入生氣。當我們持續替自己和伴侶創造機會，好好關注彼此的關係本身時，光是享受自己和共度歡樂時光，就能讓我們更瞭解對方。當我們以為自己瞭解伴侶時，其實只是自欺欺人，除非我們明白他們真正的偉大，否則都是我們投射在他們身上的自我評斷。永不停止約會，因為我們越瞭解自己的伴侶，越真心愛他們，就越能自然地享受其中。

THINK．FEEL．DO

今天，花些時間在自己身上，花些時間在伴侶身上。更新自己，更新自己的關係，持續向前移動。安排一場約會，做一些不一樣的事、有創意的事，做一些你們會真的樂在其中的事。

Unhappiness is a form of revenge on my parents.

308 富

如果我們不快樂，就是在昭告天下：「我的父母沒有好好養我。」我們最能報復父母的方式就是讓自己一敗塗地或鬱鬱寡歡。我們掛著一張苦瓜臉四處遊蕩：「爸爸媽媽，看看你們對我做了什麼。因為你們有失父母之職，我才會這麼慘。」我們割掉自己的鼻子，只為了要和臉作對。如果他們失敗、落魄，絕對是因為我們自己也不及格。將我們的快樂建立在他人的行為上，只會帶來痛苦。只要我們不再活在過去，並且寬恕父母，就能讓我們和他們都得到自由。

THINK · FEEL · DO

今天，是時候了，選擇讓自己更成熟、賦予自己力量的態度，讓自己可以向前移動。是時候將你的快樂獻給你的父母了，這樣會同時向前推進你和他們的生命。你能給予自己的最佳禮物，就是你能給予他們的最佳禮物。對所有人來說，快樂都是上上策。

不快樂是對父母的報復

True abundance is having only winners.

309 章

真正的豐盛是全贏

　　如果在某種情況中有人贏、有人輸，溝通就沒有達到圓滿的地步，還是有傷害和恐懼，在某種層次上對抗仍未休止。如果仍有輸家，我們對於匱乏的信念就會被加強，因此在達到全贏之前不要停止溝通。

THINK · FEEL · DO

　　今天，不要坐視痛苦。持續溝通，直到雙方都感覺自己獲勝，整場都是贏家為止。

To be myself is to be a star.

310 商

　　明星代表光輝閃亮的人，他們全然給出自己的天賦，全然地愛，所有人都受到這顆明星的吸引而找到回家的路。真正瞭解自己，代表明白我們就是明星。真正做自己的方式是認識到自己內在的天賦，並且明白對身邊的人來說，我們是多麼珍貴的禮物。明星也可以不張揚，但他們閃爍著強烈的愛之光，那道光能夠劃破黑暗。

THINK · FEEL · DO

　　今天，明白你是明星，讓所有阻礙你發光的事物自然消散。選擇寬恕，放下所有怨懟、評斷與那些讓你控制自己、他人或情況的手段。選擇不再用任何人或事物牽絆住自己。選擇全然、完整地去愛。其他事物都無法滿足你，其他事物都配不上你的好。

做自己就是當明星

All pain is the result of misunderstanding.

311 害

所有痛苦都來自於誤解

受苦表示有些事情我們不理解。全然的理解會療癒所有造成痛苦的需求，讓我們能穿越造成痛苦的抗拒，它幫助我們明白臨在的愛和連結。我們停滯不前、拒絕前行的地方就是痛苦、恐懼和未滿足的需求之所在。理解將讓過程得以展開，意願、連結、愛和滿足的需求可以克服恐懼，讓我們自然地能與身旁的人和睦相處。

THINK · FEEL · DO

今天，和周遭的人和睦相處，和他們結合。和他們結合能夠帶來理解，而有了理解，療癒便發生了。連結帶來洞見，帶來愛和慈悲的智慧。

I join with someone who is attacking me.

312

防衛會創造攻擊，因為防衛是我們肩膀上的碎片，哀求著要被擊落。所有內在的痛苦都在呼喚其他痛苦，內在的暴力會呼喚外在的暴力接近我們。當某些人攻擊我們時，主動靠近他們，因為在我們毫無抗拒時，攻擊也就沒有目標了。當我們和攻擊我們的人結合時，他們內在的攻擊就會潰散。所有攻擊都是在呼求幫助。

那些攻擊我們的人，他們內心深處其實相信我們是能夠幫助他們的人。當然，他們會抗拒那樣的感受，並且努力抵抗。他們對於自己被我們吸引的情況幾乎是憤怒的，有時候這種欲拒還迎的情況會製造出攻擊。如果我們用親近、察覺、滋養予以回應，對抗就會終止，雙方都能向前移動到新的層次。

THINK · FEEL · DO

今天，向前移動，靠近正在攻擊你的人。打電話給他們，寫信給他們，送愛給他們。如果現在沒人攻擊你，回到過去你被攻擊的場景。在你的內心重建當時的場景，但這次伸出手支持他們。向前移動，和他們結合。瞭解他們的攻擊是在呼求幫助，請幫助他們。

我和攻擊我的人結合

Having it all is the promise of a relationship.

313

擁有一切是關係的承諾

明白我們可以擁有一切是很重要的。適應限制、放棄擁有真正的豐盛或放棄生命中所有順遂的事，這些都不是真正的成熟行為。關係可以為我們提供靈感，持續穿越我們的局限。關係中的愛可以讓我們穿越死寂和衝突，達到更高的層次。每當我們跨越一道難題，每當我們抵制一次誘惑，都能帶我們晉升至更高的層次，我們、我們的關係和整個人生都能更加豐盛。關係的承諾是，隨著關係逐漸展開，我們也逐漸展開，會有越來越多的恩典來到，充實我們的生命。

THINK · FEEL · DO

今天，花些時間好好放鬆，想像你和伴侶站在關係的表面。突然間，你們一起陷進了地面，穿越所有衝突和死寂。想像你們兩人一直沉入地心，直到抵達核心本質所在。也許那是一片綠草地、開闊空間或光之領域，你只要明白關係的真正本質，感受它的可能性，明白穿越所有的誤解後，你們將能擁有一切。

The competition in my present relationship began in the family I grew up in.

314 富

　　無論是否健全，所有的家庭都含有明顯或不著痕跡的競爭面向。尤其是過去，若有任何形式的匱乏——缺乏足夠的金錢和愛，或缺乏足夠的平衡——就無法讓每個人全然享受彼此。我們在現任關係中所面對的競爭，其實早在我們人格形成之初就存在了。

　　我們的人格全部建立在比較感和特殊性上：「我值得被愛嗎？我是否比我的兄弟姊妹或其他人更值得被多愛一些？」這些面向如今成為我們的很大一部分，就像貼身穿著的內衣和襪子一樣。每種人格都標示我們過去放棄了內在的一份禮物，藉以獲得所有人的認同，並且感覺被接納。人格就像人與我之間的一層玻璃紙，因為它阻礙了我們的領受。人格讓我們對自己感到彆扭，以致於無法靠近其他人、拓展自己、即興發揮、狂放不羈或享受歡樂。

THINK · FEEL · DO

　　今天，好好檢視你生命中的競爭，想想在很久之前它是從何處開始的。要明白在現在的關係中，每個人都能擁有足夠的資源。當你明白這一點，你就能重新平衡過去。

　　每當你察覺到競爭，告訴自己：「這些看似從我家庭中冒出來的敵人，我此刻將他們視為盟友，因為他們越成功，我就越成功。我的伴侶越成功，我就越成功。我會超越這種競爭，支持我的伴侶。我會看見他們的真實自我。當我渾身彆扭、自我折磨心態作祟，或是被腦袋中的雜訊干擾時，我會懂得靠近某個人，替我和對方創造出自由和順流。」

源於我的原生家庭
我現在關係中的競爭

What I expect of another is what I am not giving to them.

315

所有期望都來自於強求，也來自我們可能無法得償所願的恐懼，因此我們用強求而非請求。當我們期望從他人那邊獲得某物，我們會害怕他們不給，因為我們自己也沒有給出。我們可以將期望轉換為邀請。帶有意願地給出我們想從伴侶或身邊的人身上獲得的東西，就能創造出成功。人更會自然地回應邀請，而且當我們給出自己想要的東西時，我們會感到滿意，需求得到滿足，進而能夠敞開領受。

THINK · FEEL · DO

今天，看看你對他人擁有什麼期望，無論他們是你的伴侶、父母、小孩還是老闆，任何人都可以。你覺得哪些期望沒有得到回應？不要再期望從他們身上獲得，而是自己給出你想從他們身上獲得的事物。你很快就能找到你們之間可以自然給出和領受的節奏。

我期望從他人那裡獲得的 正是我沒有給予他們的

The helper role allows me to feel superior while being afraid of an equal partner.

316 喜

幫助者的角色重點在於讓自己感覺比那些承蒙我們照顧的人優越一些。這就是為什麼說這只是一種角色。角色掩蓋了自卑感，也掩蓋了不夠好或不值得的感覺，那是一種補償。我們容易選擇可以和我們共依存的人——一個也同樣害怕向前移動的人。我們在關係中共謀，牽絆住自己，將另一方視為問題人物。

我們擔任幫助者角色的另一種方式是協助對方進步，直到他們達到與我們平等的位置。當我們能夠真的進入一段平起平坐的關係時，我們卻將他們拒於門外，於是他們離去，展開自己的人生，留下一無所有的我們。我們害怕成為平等的伴侶，因為害怕真的受傷。我們感覺自己不值得擁有成功的關係，或我們沒有足夠的力量和自信來應對一位平等的伴侶。

THINK · FEEL · DO

今天，看看在你生命中的哪些時刻，你選擇了一個人，只是因為想要擔任幫助者的角色。是因為那樣你們就可以停留在原地？還是你看到了他們的潛力，而當他們完成療癒而變得與你平等時，你卻又將他們一把推開？無論是什麼情形，帶有意願地活出平等，分享你的感受，甚至分享那些感覺不甚適應的體驗。在生命中邁步向前，不要透過扮演角色，而是透過歡迎快樂、歡迎領受、歡迎伴侶成為平等的伴侶。深深祝福他們，也祝福自己。

幫助者的角色讓我感覺優越

其實是我害怕擁有平等的伴侶

The truth creates abundance.

317 亩

真相創造豐盛

　　親身經驗卻閉口不提的事情會牽絆住我們。缺乏溝通等於缺乏結合，讓我們無法向前移動。當我們有話害怕告訴伴侶，閉口不談會製造出死寂。我們有所保留的地方，無論是我們的感覺、需要面對的事項，還是已經發生的事情，都會在伴侶與我們之間造成一層隔閡。當失去了連結，就無法產出豐盛。真心話能夠創造出一條連結線，而我們和伴侶的連結會創造真正的富饒——不只是金錢，還有喜悅、快樂、創意，以及生命中的一切美好事物。

THINK · FEEL · DO

　　今天，找到你在哪些地方有所保留。你有所保留的不見得屬真，但卻是此刻你所體驗到的真相。一旦你完成分享，就能將之整合進關係之中，雙方就都能向前移動。真心話會創造富饒。

If I don't have something in my life, I am in control.

318 畬

　　我們的控制會阻礙成功。最高層次的成功是順勢而為，而非心機算盡。我們衝浪的時候不會想要控制浪頭，滑雪的時候也不會想征服山頭。我們只是順勢而為，而我們越能無為而為，就越能取得成功。

　　控制表示我們自作聰明，認為自己有更好的答案，若有人願意聽的話，我們還想將這個答案推及他人。我們的控制隱藏了自己的恐懼，對失落、受傷的恐懼，甚至是害怕事情好到我們無法承受的地步。我們控制自己，因為我們寧可錯過美好，也不願被淹沒或面對可能根本不存在的舊傷。帶有意願地放下控制，能夠讓我們看到生命想給我們的答案。

THINK · FEEL · DO

　　今天，放下控制，信任一切都將圓滿。明白你不需要催促光，太陽也會每天升起。明白你不需要推動河水，河水也會持續流動。明白宇宙運作的完美，一切都朝向成功移動，只要你自己不再擋路。想像你將自己的未來交託給老天之手，你只要放鬆即可，明白一切美好都將來到你生命中。

如果我生命中有所缺乏　就是我在控制

No matter what my pain, giving creates healing.

319

當我們選擇全然給出自己，穿越負面感受，或服務他人，我們就能創造突破。無論我們感覺羞愧、尷尬、受傷、嫉妒、害怕、絕望、空虛，還是徒勞無功或失落，只要我們給出自己，就能創造新生。我們付出，就能離開死寂，進入順流。我們不再彆彆扭扭，而是從自我折磨走向接受恩典。真實的給出帶來領受，那是世界上最棒的療癒媒介。

THINK · FEEL · DO

今天，透過給出自己來穿越你的痛苦。你是否感覺麻木？你是否感覺死寂？無論是怎樣的痛苦都選擇給出。看看你的周遭，你的給出能為什麼情境帶來改善？現在，靠近其他人並支持他們。在你給予的同時，事態對他們和你都會有改善。

無論我的痛苦是什麼

付出都能創造療癒

A power struggle is my demand on others to meet my needs.

320 高

当雙方都邁出下一步，而不是陷在權力鬥爭當中，我們的需求就可以獲得滿足。在權力鬥爭中，我們認為對方是我們領受的來源，對方應該讓我們快樂。我們和他們對抗，以期對方用我們的方式來滿足我們的需求，但和伴侶對抗只會延遲我們在生命中向前移動的腳步而已。帶有意願地邁出下一步，就能滿足我們和伴侶的需求。

THINK · FEEL · DO

今天，停止對抗。閉上眼睛、放鬆，請求下一步出現在眼前。對生命中出現的一切說「是」，明白那將為你現在的困擾帶來解答。只需要說「是」。帶有意願地敞開，接受情況中可能出現的所有功課，接受最後會有最佳結果。帶有意願地離開既定立場，讓你和伴侶都能開創新局面。

滿足我的需求

權力鬥爭是我強求他人

When I want to have a need fulfilled I let go.

321

需求是訴諸言語或暗藏於心的強求，無論我們是否覺察到它們的存在，它們都會對我們的領受產生阻抗。沒有需求能從外在得到滿足，因為以最深的層次來看，需求只是幻相，它們是在我們不明白自己的完整、不明白自己最核心的本質時，覺得自己需要的東西。在日常生活之中，我們汲汲營營地試圖攫取一切自認為需要的事物，卻忘記了自己本是一切俱足。

THINK · FEEL · DO

今天，放下你的需求。現在請閉上眼睛，想像你沉入自己之中，直到你來到自己全然圓滿之處，那裡沒有需求。如果你覺得更適合的話，還可以採取另一種方式：想像自己在時間之流裡向前移動，甚至超越這一世，到達一個你完全圓滿的境地，充滿了無限的創造力。你明白當你到達圓滿之境時——那是你心靈的本質實相，在那裡你擁有一切——所有需求自然會得到釋放。

若我有需求想被滿足

我就放手

Every blessing I give blesses me.

322 商

　　每當我們祝福某人好運或送出愛給他們時，我們會感覺到愉悅。我們給出的每份祝福都是給予自己的祝福。每當我們幫助某人，我們所給出的協助和他們得到的療癒，都會回饋給我們自己的生命。

THINK · FEEL · DO

　　今天，閉上眼睛，讓腦海浮現那些生命中需要你祝福的人、那些需要接受你愛的人、那些需要你心靈力量的人。在你對他們付出的同時，感覺自己是多麼愉快。明白你的給出讓你的祝福力量倍增。在這一整天之中，你遇到任何人——街上的人、擦肩而過的人、工作遇到的人——的時候，都傳遞祝福給他們。

我送出的祝福
同時祝福了我

The more I give of myself to another, the more I see who they are.

我越對他人付出自己

就越能看到對方的本質

323 高

　　當批評的時候，我們就局限了自己對他人的認識和瞭解。德國詩人賴內‧馬利亞‧里爾克（Rainer Marie Rilke）曾言，我們只能透過愛來進行藝術工作。對於接近一個人來說又何嘗不是如此？我們可以帶著愛來理解世界中的世界，以及世界對我們敞開的奧秘。我們越是將愛帶給某人，我們就越能看見和明白他們的真實樣貌。我們越是將愛帶給身邊的人，就越能受到啟發去支持和享受他們的本質。

　　當我們和別人在一起卻無法享受他們或自己時，我們就陷入了犧牲，我們可以輕易地發現那是假的付出。如果我們無法享受某人，那是因為我們沒有對他們付出。我們越對他人付出，就越能享受自己。

THINK‧FEEL‧DO

　　今天，看看你無法享受生命中的哪些重要人士。現在該是靠近他們的時候了，延伸你自己直到能夠享受他們為止。你會發現過去自己如何疏遠他們之中的某些人。好好地給出，再給出，直到你只看得見他們的美麗，以及和他們在一起的快樂。

If I see a problem, it is my problem.

324 畗

　　無論我們接不接受，如果發生問題，那就是我們的問題，即使否認也無濟於事。我們看不見草叢中的蛇，並不代表我們一腳踩上去不會出事。如果我們發現一個問題，那便是我們的問題，而我們受到召喚來採取行動。如果我們看見某項任務需要完成，那就是我們的事，我們需要加以回應來使其更好。

　　明白我們之所見，即是我們受到召喚要去處理的事情。我們拓展自己的覺知時，就是在拓展自己的「流」。想要助人的人會在所有地方看見及聽見呼救信號。帶有意願地回應這些呼救，我們就能向前移動。我們將找到自己作為療癒焦點的自然位置，以及我們如何在情境中擔任天生的領導者，讓一切更好。我們可以這麼做，同時過好自己的人生。如果我們看到一個問題，那是我們的問題，忽略無濟於事，回應才能有所不同。

THINK‧FEEL‧DO

　　今天，從自己的世界探出頭去，看看誰真的需要協助。你能夠回應或更好地應對哪些問題？請立即做出回應。

如果我看到某個問題

那就是我的問題

自我概念會扼殺我

325 齒

　　每個自我概念都是我們在試圖證明的東西。那其實是一種目標，我們嘗試朝之邁進。我們試圖透過證明，好逃避我們對自己的負面信念。各種自我概念所耗費的能量使我們筋疲力盡。我們所用的能量，無論是表意識還是潛意識，都會剝奪我們自然快樂的能力。我們擁有成千上萬種自我概念，每一種都將我們榨乾，它們耗費我們的能量，強求滿足每一個自我概念，於是我們啟動一場又一場徒勞無功的聖戰，想要證明一些根本無須被證明的事物。

　　我們都想對自己持有良好的概念，因為我們覺得，良好的自我概念會讓我們開心。然而，我們的每個自我概念都不是真相，因為那些只是想法。除非是靜心或創意的想法，不然思考總是慢於事件本身一步，因此它實際上是一種抗拒和控制。

　　我們的本質是完整的，從來不需要受到質疑。當我們懷疑自己，覺得自己又負面又糟糕時，我們就創造正面的自我概念。這樣我們就有了

一層完整的保護膜——那些我們覺得自己好的地方，但其實它只是反映了我們的補償心理。如果我們穿過這一層，就會在潛意識，甚至是無意識深處找到一個塞滿負面自我概念的垃圾桶。如果我們真的明白自己是怎麼看待自己的，大概會無法承受。好消息是，這些負面的自我概念不是真的。當我們穿越這些自我概念後，就能抵達新的深度，找到關於自己的正面信念，而那些信念不只是補償而已。那是我們抵達至樂和法喜之前的境地，是開悟的前哨站，開啟我們看見事物實相的大門。

THINK · FEEL · DO

今天，帶有意願地穿越所有你碰到的自我概念，正負皆然。你放下的每種自我概念都能讓你更靠近並認識自己的本質和完整。當你靠近的時候你會對自己感到喜悅。你感到自己多麼被愛，而你也愛得多麼深切。你感覺到自己擁有自然的創造力。放下所有的自我概念吧，因為它們會剝奪真正的你。

Everything that happens in my life is a communication to a significant other.

326

所有發生在我生命中的事情

都是在和重要的另一半溝通

　　生命中的一切都關於溝通，因此所有發生在我們身上的事情、過去的所作所為，都是有關我們和重要人物的溝通。如果我們看看生命中的不幸，如果我們真的想認清發生了什麼事，就會看到自己總是在發出訊息。那些訊息是給自己、上帝、父母、重要的另一半，甚至是前任伴侶，以及那些剛好身處情境中的人的。

　　不幸發生的原因是我們太恐懼溝通，我們寧可讓發生的事情來試著替我們溝通，也不願自己主動接觸，或直接和對方溝通。下意識的溝通往往成功率不大。有時候，讓負面事件發生在自己身上，其實是報復他人的一種方式，有時候那是我們在呼求協助。有時候，我們藉由大難臨頭來告訴某人我們愛他，但這其實是純粹的犧牲，有害於我們自己的生命。如果我們犧牲自己去贏得他人的愛和認可，那代表我們和對方之間存在著重大誤解。

THINK · FEEL · DO

　　今天，選擇你人生中的三大經驗。捫心自問，藉由那些經驗，你現在或當時想和重要的他人溝通些什麼。只要你瞭解你當時想給的訊息，就能開始理解自己當時的狀況，以及為何要替自己的生命創造那樣的事情。學習將潛意識溝通轉變為表意識溝通，這樣你將更能在人生中成功達陣。將黑暗之中的事物帶到光明之下，就能創造療癒。

If I don't trust, I don't love.

327 高

如果我們不信任某人，就代表我們不愛他們。但其中還牽涉到別的動力，可能是某種形式的控制。我們可能感覺到自己的需求，因此受他們吸引，或產生某種對他們的渴望，但我們所感受的不是愛。如果我們不信任他們，就表示我們不信任自己，因為我們信任自己和信任他人的程度成正比。如果我們不能信任地給出自己，就不可能充滿自信地領受。

信任是給予另一個人心靈力量，支援他迎向誠信和真理。信任並非是天真幼稚，而是將心靈的力量注入一個情境中，好讓它更加正面。信任是所有關係中最關鍵的元素，我們給出信任的同時，就是對伴侶給出愛。信任與愛是密不可分的。

THINK · FEEL · DO

今天，給你的伴侶信任，也給周遭所有值得信任的人信任。那是你能給出的最棒的禮物，因為不存在信任無法療癒的問題。你信心十足。當你這麼信任自己和自己的力量時，你就能信任任何人。記住，信任不是天真幼稚。信任你自己，傾聽直覺發出的聲音，它會告訴你現在情況如何，然後把信任當作一個轉化工具，讓情況變得安全，讓自己變得更有力量。

如果我不信任就沒有愛

It is only through commitment that I receive.

328

我只能透過承諾來領受

這是好消息：我們只能透過承諾來領受。許多人覺得承諾之後就毫無生氣，特別是那些獨立的人更會有此感受。但他們所說的並非承諾，而是某種程度的收縮、犧牲或牽絆。他們想起自己曾是愛的奴隸，費盡心思想贏得認可。

等到人獨立之後，就害怕再度陷入犧牲。獨立和犧牲都與承諾無關。我們的承諾是選擇以一種可能的方式全然給出自己。我們給出越多的自己，自然能夠領受越多。承諾（Commitment）的字面意思是「隨之送出」，com 表示「隨之」，mittere 表示「送出」。帶有意願地將自己送出給他人，做出承諾，進而讓我們能夠領受。

THINK · FEEL · DO

今天，承認你在哪些地方害怕承諾，因為你將之誤認為某種犧牲。帶有意願地放下所有犧牲，明白自己可做出更屬真的選擇，你可以真正給出自己，不用害怕被俘虜。你可以說清楚真話，因此不被捕獲。允許自己選擇給出自己，這樣成功便指日可待。

Love comes towards me all the time.

329 言

　　愛總是朝著我們來，但我們缺乏洞見、察覺和開放，因此無法領受。評斷和怨懟替我們製造了不好的感受，因此看不見所有迎面而來的好事情。帶有意願地放下歉疚感，只要睜開眼睛，就能看到所有迎面而來的愛和好事，我們只需要領受。

`THINK · FEEL · DO

　　今天是感覺自己每時每刻都被愛的大好日子。想像你待在自己最鍾愛的地方。現在，想像你家人的愛迎面而來，包括那些曾經對你深信不疑的人──老師、朋友、心靈導師和充滿創意的同事──給你的愛。看到你的靈性導師的愛朝你湧來。現在，看到神的愛朝你湧來，它總是朝你而來。當你看到這麼多愛迎面而來，敞開自己領受它、感覺它。感覺到你有多麼被愛！

愛無時無刻不朝著我湧來

如果我們中有壞人

那就是全員皆輸

330 高

　　每當我們把某些人評斷為壞人，我們就和他們陷入了權力鬥爭。我們逃避或攻擊他們，即使只是在我們自己的腦袋瓜裡上演心理戲。我們引發了一場鬥爭，試著不受他們影響，或試著將他們擊潰。但只要有一方輸了，不管是他們輸還是我們輸，都是全員皆輸。

　　我們製造了一種不好的情境，其中總得有人買單。猜猜看會由誰來買單？這個評斷其實只是隱藏了我們需要處理和溝通的事物。那是我們自我評斷的投射。只要我們願意超越所謂的「好人──壞人」戲碼，跨越競爭來彼此理解，就會有個地方讓雙方在現在和未來都會得到滿足，儘管有些矛盾，但確實如此。

THINK · FEEL · DO

　　今天，選擇人人皆贏的局面。閉上眼睛、放鬆，想到你在評斷的人。你認定誰錯了？你認定誰是壞人？請求你全知的那部分心靈處理這個問題，將所有人都能贏的方式展示給你，不只是現在，而是直到永恆。除非全贏，不然不要停下來。

Commitment can come only out of self-valuing.

331 章

我們如此難以承諾、覺得自己撐不過拉鋸戰的原因是，我們不覺得任何人值得那樣持續地被給予，包括我們自己在內。我們不看重自己，因此也不看重別人。我們越不看重自己，就越是發現自己被困在角色、義務、規則之中──做的事是對的，出發點卻是錯的。承諾讓我們可以用對的出發點做對的事。透過承諾，我們能活出更好的回應力、擁有更真的選擇和更高的道德標準。我們做出承諾，傳遞價值給他人，同時也是對自己的付出。

THINK·FEEL·DO

今天，看重自己，真正地對自己付出。看重自己的同時，你也能看到自己和他人的生命不斷慢慢展開。

Letting someone abuse you is not a service to anyone.

讓
人
虐
待
你

並
沒
有
服
務
到
任
何
人

332 ^高

給予自己基本的尊重是很重要的，請求周遭的人對你尊重也同等重要。讓其他人虐待自己並沒有服務到任何人。尊重自己就不會允許自己遭到虐待。

防止他人傷害我們很重要，不只是為了自己而已，而是為了那些人的罪疚感不再引發惡性循環，造成退縮或再度攻擊。有時候，小我陷我們於受虐的情境之中，我們也逆來順受，因自己有反暴力的概念或自覺軟弱。我們將自己陷入受虐的情境之中，因為我們感覺到某種罪疚感，覺得必須犧牲自己。每種虐待都是我們找別人來懲罰自己，以補償下意識的罪疚感。那些人懲罰我們的同時，他們的罪疚感也節節高升，因此他們的自我虐待也加強了。

不管什麼時候，當我們感覺情緒或肉體受到虐待時，務必要竭盡所能防止對方虐待我們，因為忍辱負重幫不到任何人。有時候我們必須態

度強硬地和他們溝通，有時候我們必須讓自己從情境中抽身，視事件的性質而定。無論如何，尤其是在我們抽身的情況下，如果我們持續付出愛和支援給對方，情況就會開始慢慢好轉。

今天，帶有意願地探索你內在造成現況的罪疚感，你就可以立即扭轉乾坤。詢問自己：「如果我知道的話，這份罪疚感是幾歲開始產生的？」然後問：「當時是與誰在一起而引發這種感覺的？」現在問自己：「當時發生了什麼事，讓我感覺到罪疚？」

記得，罪疚感只是個錯誤。下決心療癒它。無論在哪種情況下，你都已偏離自己的中心。請求宇宙帶你回到中心，幫助你從那裡延伸內在的光，好協助每個人回到中心，甚至進入內在更深的中心，找到平安和純真。看看現在你們所有人感覺多麼好。將所有的愉悅感受帶回現況，看看會帶來怎樣的影響。

Everyone is doing the best they can, given inner and outer circumstances.

333 _當

當我們不瞭解某人為何有某種行為時，我們只需要問問若換成自己，我們要有什麼感受才做出那些行為。人全都按照自己的感覺行事，而感覺又來自我們的信念、價值觀或對自己的想法。這些是我們人生中不同經驗和選擇之下的產物。明白這一點之後，以我們現在所處的情況來看，瞭解我們真的已經盡力而為了，因此對於自己及他人身為人的處境就有了一份理解與慈悲。

THINK · FEEL · DO

　　今天，花些時間坐著，放鬆，並閉上眼睛。讓自己回到一個情境，那時你做了一個抵制自己和生命的重大決定。當時誰和你在一起？當時他們在做什麼？他們當時必定是有什麼感覺才會有那些行為的？

　　無論是在怎樣的創傷情境下，每個人的作為雖然不同，但背後的感覺卻是一樣的。你知道那個事件對你來說有多痛苦。當時每個人的感受都一樣，不然一個巴掌拍不響。當你抵達那份感受時，就會對他們和自己心生慈悲。現在對自己和自己的生命作一個不同的決定。在那時的情境中，瞭解他們的行為其實是在呼求愛。感覺你的光向外延伸，和情境中的所有人互相連結。連結的同時，注意所有人的痛苦和衝突是如何消散於無形的。

Emotional pain can be an excellent teacher.

334 善

情緒痛苦 可以是最佳的老師

如果我們不去逃避或閃躲情緒痛苦，就可以將它們當作老師。我們逃避情緒痛苦，就是在逃避某些有助於我們成長的功課。帶有意願地鼓起勇氣感受那份情緒痛苦，讓感覺穿越過它，會讓我們看到它想教導和給予我們的事物。當徹底感覺穿越它的同時，它自然會消失。對情緒痛苦採取這樣的全新態度，讓我們能夠進入某種原本我們想逃避的情境中，然後看看情況會如何收尾，本來可能會造成攻擊或逃避，結果卻可能大相徑庭。

THINK · FEEL · DO

今天，對痛苦採取一種全新的態度。帶有意願地面對你的內在和那些朝你而來的感受。明白你的意願會讓你擁有某種回應力和力量，那是之前所欠缺的。將情緒痛苦視作你的老師，如果你不抗拒的話，它會是個好老師。

Ego is everything this side of oneness.

335 高

小我完全是一的相反面

「一」 仰賴合作、連結和相互支持，而小我卻只顧著自掃門前雪，小鼻子小眼睛地計較著如何滿足自己的需求，而且堅持分裂的做法。我們越是分裂，就越感到痛苦或恐懼，我們尋找自我的特殊性，就會遇到問題、變得競爭好鬥或只感受到自己的需求。小我讓我們行許多無功之事，好替自己創造安全感，並且吹捧自我概念。這些全部都是浪費時間，因為我們真實的自我並不需要吹捧。真正的我們還有比那更深刻的本質。真正的我們比那更完整。我們的小我是一種分裂，逃避「一」 的狀態。

THINK · FEEL · DO

今天，讓自己向人們靠近，並與他們結合。檢視你在哪些地方保持分裂和隔閡，瞭解到分裂完全是不必要的，也沒效果。你的溝通、結合、合作的意願將創造出新層次的夥伴關係，在那裡你將感受到「一」的喜悅、富饒、愛、快樂和創意。

If I do not accept where I am, I cannot expect to move ahead.

336 days

如果我們處在非常艱困的情況中，而且對當下的經驗加以抗拒，我們就會被困住。一旦我們接受它們，就能移動到下一步。如果我們陷在湍湍激流之中，又努力與之對抗，嘗試游出漩渦，結果只會筋疲力盡，溺水而死。然而，如果我們放鬆，讓激流帶著我們，它就會帶我們繞出更大的弧度，直到最後我們整個人脫離漩渦。這時候，我們就可以自由地游走了。我們拒絕接受現況，只會讓自己精力耗盡。抗拒某些情境只會讓我們被困住。

如果我們發現自己試著接受現況，好得以從中釋放，結果卻沒有向前移動，原因是我們已經自我調整或去適應那個情況，我們適應了不屬真的部分。但調整和適應只是一種犧牲和妥協，我們會覺得自己輸了。接受才能讓我們向前移動。

THINK · FEEL · DO

今天，不要評斷，在遇到的任何情境中都要接納。帶有意願地接受你處的所有艱困情境，感覺自己穿越它。不要妥協，要溝通。不要調整，要解決。不要抗拒，要接受。

如果我不接受自己的現況就無法期望向前移動

Guilt insists on punishment, mistakes call only for correction.

337 章

　　當我們感到歉疚或罪疚時，就透過懲罰自己來擺脫那種感覺。我們懲罰過自己之後，短期內會勉強不和自己計較，卻強化了我們對不屬真的自我概念的罪疚。

　　有時候我們會在孩子身上看到這種行為，他們會「四處尋找被打屁股的機會」。他們覺得自己壞到必須做出某種行為來尋求某種懲處。一旦真的遭到懲罰，他們反而覺得鬆了一口氣。當然，如果我們打他們屁股，我們就贏得了鬥爭，卻輸了戰役，因為這種對待小孩的方式，會將我們正好想防範的事物植入他們的腦海。

　　我們大人總是用各式各樣的手段懲罰自己，包括身體的疾病、意外、不幸、失敗、缺錢等所有能夠擺脫這種罪疚感的懲罰方式。然而，懲罰我們的情境也讓我們感到歉疚，因此更加強了我們的罪疚感。

　　當我們感覺不好時，我們的行為也隨之偏差。在罪疚感的驅動下，我們會退縮或攻擊，當然，這些防衛方式只會製造更多攻擊，繼續推動

罪疚感堅持要懲罰

而錯誤只需要修正

罪疚感的惡性循環。如果我們認識到自己過去的所為只是錯誤，就能學到功課、矯正錯誤，進而放下罪疚感。當人心感罪疚時，就會修理自己，但這樣我們面對眼前功課的回應力就會大大減弱。當我們感覺自己犯了罪、痛打自己的時候，我們將罪和歉疚感連結，卻沒有矯正錯誤。「罪」其實是希臘文中的箭術術語，表示「錯過目標」。因此罪只是個錯誤，它可以被糾正。

THINK · FEEL · DO

　　今天，放下所有讓你感到歉疚的事物，好讓自己學到功課。帶有意願的學習是釋放自我懲罰的不好感受的最容易方法。生命嘗試教導你什麼功課？罪疚感拒絕學會功課，因此總是在重蹈覆轍。那是一種你自己捏造的自我概念，更是小我的伎倆，讓我們被困在某些自我概念中。既然罪疚是不屬真的，只要放下就好，在現在或任何它又出現的時候皆然。

每段關係都有個長期問題

338

　　每段關係都有某個領域，集結所有誤解、怨懟和斷裂。所有該好好面對處理的課題，都會以長期問題的形式，出現在關係中某個特定領域。可能是溝通、金錢、性、缺乏成功、健康等問題，什麼主題都有可能，那都是最能促進關係、讓我們及伴侶成長的部分。長期問題很常見，因為每段關係都會選擇一個領域作為堆積未竟事宜的櫥櫃。我們可以關注這個領域，但同時也要認識到長期問題只是關係中許多缺乏連結之處的症狀而已。和伴侶連結的同時，我們會發現這個長期問題竟然也逐漸獲得改善。

THINK · FEEL · DO

　　今天，不要陷入絕望。每段關係都有其長期問題。你的長期問題是在什麼領域？認識到你關係裡的長期問題，想像它在你和伴侶之間是一個阻礙。從內心想像一道光和愛穿過那個長期問題，並且和你伴侶的心連結。這道光和愛將你們兩人連接起來，更靠近彼此。

　　現在，想像那道光從你的額頭綻放，越過問題和伴侶的額頭連結。繼續想像那道光穿越問題，將你和伴侶連結在一起。想像光芒從你的喉嚨，連結到伴侶的喉嚨；從你的腹部，連結到伴侶的腹部；從你的下腹，連結到伴侶的下腹；從你的性器官，連結到伴侶的性器官；最後，從你的脊椎底部，連結到伴侶的脊椎底部。這些光芒穿透問題的同時，你也能跨過它，你們彼此靠近，投入彼此的懷抱。抱住對方，這麼做的同時，想像光芒從你倆的頂輪綻放，彼此連結並朝向天堂閃耀光芒，尋找解答。現在，感覺你和伴侶彼此水乳交融，而且知道在交融中將會浮現出你們的下一步。

Permission blesses my partner and those around me.

339 寅

給予許可是領袖力的一種行為。那是我們超越自己的人格時，自然展露出的權威，從自我限制，到找到我們的自發性和回應力。當進入關係中時，我們有某方面的天賦，這是我們已經給予自己許可的地方。若伴侶在這些區塊有所衝突，我們自然可以許可伴侶在同樣的地方領受。

透過藏在真相和成長中的權威，我們可以給予他們許可，讓他們不再受困於衝突之中；我們也可以支持並邀請他們到嶄新的理解和意識境界。給予許可是釋放自我囚禁的人的最簡單方式，因為我們在給予身邊的人許可的同時，他們就能得到釋放。我們的許可祝福了我們的伴侶和身邊的人，就像在那些他們已經達到領袖力的地方，我們也一樣深受祝福。

THINK·FEEL·DO

今天，祝福所有人。你願意給予伴侶什麼許可？你願意給予周遭有所關聯的人什麼許可？你越是給予許可，就越能釋放他們，也越能感受到向你和你的生命迎面撲來的感恩和支援。

許可為我的伴侶 和身邊的人帶來祝福

除了憶起天堂之外

我不需替上帝做任何事

340 富

我們能給予上帝最棒的禮物就是憶起我們的「天家」。無論現在體驗到怎樣的情境，天堂都是充滿快樂的地方。

我們處於非常艱困的情境中，開始憶起天堂，或用另外一種譬喻來說，就是開始憶起全然的快樂，而我們選擇要經歷它。在艱困時刻憶起天堂，就能推動情境向前移動。憶起天堂會在我們的兄弟姊妹、所愛之人之間產生共振，因此，在某個時刻，所有不快樂的、不像天堂的，所有的幻相都會消失無蹤。我們越能憶起天堂，就越能把天堂帶來人間。我們不見得需要替神做什麼事，或完成偉大的項目，我們只需要憶起天堂的愛和快樂。隨著我們在所有情境中憶起天堂，每個人都能得到自由，就從我們開始。

如果上帝如此愛我們，為什麼會讓我們受苦？當我們覺得上帝要我們受苦時，那只是我們對上帝的投射，或我們讓上帝顯得渺小的方式。

我們的投射說上帝要來對付我們，因此我們懲罰自己，不斷陷入犧牲之中，只為了平息罪疚感。我們是在說：「上帝啊，別多此一舉來懲罰我—我自己來就夠了。不用電閃雷鳴，我現在就已經在修理自己了。看看我傷得多重，我這樣還不算個好人嗎？」對於來自上帝的愛，我們真正需要做的只是領受那份愛並快樂起來。這就是天堂，我們的天家。

THINK · FEEL · DO

今天，憶起天堂。寫在冰箱上，寫在廁所牆上，寫在工作的場合，藉由這些抓住你的注意力，提醒你要活得快樂。憶起天堂，憶起無論發生什麼事，你都可以透過選擇天堂來改變現況。你不需要是上帝的烈士。宇宙的至高力量為何會需要你的鮮血和苦難？相反，你的喜悅能夠幫助別人。憶起這一點，在人間散播天堂的風景。

每段關係都有其目的

341 商

正如同每個人有自己的目的，每段關係也一樣。基本上，關係的目的是要創造和體驗快樂，當出現不快樂時，關係的目的就變為療癒。這總是脫離不了某種形式的寬恕，也就是在我們原本退縮的地方給出。

每段關係都有快樂和療癒的目的，但更具體地來說，每段關係達到真正的夥伴關係和創造力之後，將會具備個人的功能，讓更多創意來到世間。有時候，可能以孩子、創意專案的方式呈現，或是關係為雙方所帶來的更高層意識。有時候，目的可能是關係所提供的啟發，作為周遭的人療癒的契機，讓他們仍然對關係懷抱希望，明白我們可以做自己，同時也擁有愛。

THINK · FEEL · DO

今天，探索你的關係。你的關係有什麼目的？如果你和你的伴侶攜手同心，你們的關係能對世界做出什麼貢獻？從你們雙方的愛中，將誕生給予世界的禮物。

Whatever abundance I allow myself to receive, I naturally give to my partner.

342

所有關係中，我們都會有些成就是伴侶尚未達成的，那些我們取得成就的領域是我們全然給出的領域。由於這樣的給出和創造力，我們自然獲得豐盛與富饒。當我們領受豐盛時，我們自然會有一份能送給伴侶的禮物。

無論是什麼才華或天賦在我們內在共振，都會因為我們與他們的親近而開始在他們內部共振。他們會進而發現他們擁有某些特定領域的才華，那是之前所不自知的。我們與伴侶結合的程度，就是我們的伴侶自然展現特定天賦才華的程度，他們也能自己領受。我們已經成功的領域中蘊含著我們能帶給關係的禮物，我們和伴侶都會帶著禮物進入關係。我們所帶來的豐盛富饒，就是我們的給出，能讓這段關係成長。

THINK · FEEL · DO

今天，檢視你擁有哪些能夠給予伴侶的禮物。如果你一直在抱怨他們沒有給予你某樣事物，那正是你充分擁有的事物，足夠你們兩個人共用。從你的豐饒出發，你可以提供這份禮物，直到它在你和伴侶身上都出現為止。從這新的一層夥伴關係中，你們雙方都會接收到新的天賦才華。

所有我領受到的豐盛

我自然會給予我的伴侶

If I don't feel, I die.

如果我沒感覺
就等於死亡

343 高

　　如果沒有感覺，我們就無法感覺活著，無法感覺喜悅，無法感覺自己正處在痛苦之中，並知道必須改變現在的行為。更重要的是，感覺能夠幫助我們找到意義所在。意義和感覺密不可分，它會給我們方向和目的感。當我們活出人生的目的、真實的意義時，我們就活出了天堂的意義，而不是替自己找來無關緊要的工作。於是，我們找到了喜悅、愛和創造力的狀態。

　　盡可能地感受，好讓我們延伸自己，因為如果我們沒感覺，就等於死亡。令人痛苦的事物可以充當我們的氣壓計，指出我們必須改變生命中的一些選擇。負面事物可以被感覺，然後被放下。

THINK · FEEL · DO

　　今天，放棄成為上帝眼中的冰凍人吧，讓自己真正去感覺。讓你的感覺引導你到愛、喜悅、樂趣和快樂的各種狀態之中。如果有不好的感覺，就感受它直到它消失，或是做出必要的改變。今天讓自己真正感覺開心，學著如何歡呼：「哇哈哈哈哈！」

Fear is the basic emotion under any negative experience.

344 高

在所有負面經驗背後，牽連的痛苦情緒都可以追溯回恐懼這個核心
動力。所有負面情境背後，都表示我們在害怕某些事物，或害怕失去什
麼。終結這種恐懼的方式是透過回應，例如愛、寬恕、支持、付出、信任，
以及請求老天的協助。這些都會讓我們產生信心來放下、接納和理解負
面情緒，它們都可以幫助我們走出恐懼、向前移動。

THINK · FEEL · DO

今天，寫下三種負面經驗，或三種生命中不甚理想的情境。深入感覺那些
情境，去看看你在害怕什麼，並且將你害怕的事物寫在每種經驗旁。哪種形式
的回應力能夠療癒這個恐懼？在恐懼旁邊，寫下腦海中浮現的解決方式。不管
是什麼答案，都將它運用到情境當中。即使是在最艱困的情況下，看到並感受
自己以那個解決方案對情境做出回應，讓自己脫離恐懼、向前移動。

恐懼是所有負面經驗

背後的情緒

Essence is always attractive.

345 章

本質總是容易吸引人

　　我們的本質就是自己不用尋求他人認可的那個部分。本質不會替自己製造人格，也不會犧牲自己以求被接納、包涵。我們的本質非常具有吸引力，會讓我們由內而外發光。它是即興自發的、直覺的、好玩的，甚至是有些賴皮的，實在是吸引力十足。它和我們是年輕或年長無關，和我們的體重、身材、智商也無關。重要的是，我們展露了自己的本質，在我們周遭創造出一種氣場、魅力和影響力，大家都愛死它了。本質向外發光，締造了我們的美麗。它在我們身邊創造出興奮、刺激和「電力」。

　　活出本質是領袖力的自然形式。當我們保有誠信，並且真正採取行動，就能透過不同的創意方式進行真正的結合，而不需要請別人放棄他們的天賦，隱沒在群眾之中。本質會讓人們主動靠近。本質總是深具吸引力又令人安心，本質讓人們感覺很棒。

THINK · FEEL · DO

　　今天，別再做那些你覺得是周遭的人強求你的事情。停止演出那些小小的好人好事，那些要你演出的劇碼。好好地從你的本質出發、發出光亮。活出你的本質，盡情享受它。本質會帶來吸引力、瀟灑不羈以及神聖的崇敬感，同時更具有道德性和真實性。

A lack of money means a lack of giving and receiving in my relationship.

346 富

關係可以創造豐盛與富饒，但要取決於雙方在關係中付出和領受的程度。如果出現金錢問題，缺乏溫暖和讓人自由支配的現金，就代表關係中發生了能量問題。這個能量問題可能是我們掉入權力鬥爭當中，或存有報復的心理。這也可能表示我們是從角色和義務出發，沒有在關係中真正地付出和領受。帶有意願地放下，並且跨過那些能量障礙，藉以在關係中產生豐盛與富饒。

THINK · FEEL · DO

今天，將焦點從金錢問題上移開。說出真話，進入真正的付出和領受。和你的伴侶做真實的接觸，你會愛死那個過程的。不只是愛那份親密感與喜悅，更是因為這樣將創造大量金錢來支持你關係中的創造力。

金錢匱乏　表示在關係中缺乏付出和領受

在萬事萬物中看見上帝

就能讓愛帶我回家

Seeing God in everything, and all situations allow love to take me home.

347 音

　　如果我們在萬事萬物中看見上帝，就知道生命自有安排，而我們只要放鬆就好。我們的願景讓我們在萬物中看到愛，以及自己有多麼被愛。當我們看到這一點時，就不用如此做苦工了，只要允許自己領受就好。

　　在萬事萬物中看到上帝，看到所有情境都將我們引向天堂——一種法喜和至樂的狀態。我們能喜悅地理解上帝對我們的愛，超乎我們想像的一百萬倍以上，而祂無所不在，圍繞著我們。當我們認識到這一點時，我們就會懂得讓開，不再擋自己的路，並釋放痛苦和錯誤的自我概念。我們感覺自己受到所有的愛吸引。我們願意將所有美好的事物帶到人間。

THINK · FEEL · DO

　　今天，在萬事萬物中、在所有情境裡，看到上帝。在你的孩子眼中看到上帝，在同事眼中看到上帝，在伴侶眼中看到上帝。讓上帝的愛一路引領你回到天家。

Appreciation moves me out of comparison and envy.

348 首

比較是一種感受痛苦的方式，無論是現在還是未來。有時候，我們覺得比別人好，但我們遲早會遇到比我們更傑出的人，然後因為比較而產生痛苦。比較是因為我們希望自己比別人更好一些，更值得被多愛一些。現在，我們可以直接明白自己值得擁有所有的愛。

嫉妒是一種會讓人完全淪陷的感覺。我們覺得某人比自己好，然後嫉妒他們所擁有的，而沒有發現我們所嫉妒的就在我們的內在，至少是一種潛在的可能，不然我們不會看得見。欣賞讓我們能夠療癒嫉妒並向前移動，因為那讓我們能夠享受其他人天賦的禮物。當我們享受他人的天賦時，我們便是將領受帶進內在，而當我們內在的能量和那些禮物共振時，我們內在的潛能就會漸漸展開。帶有意願地服務我們嫉妒的人，出於深刻的欣賞而對他們付出，讓我們能最快速地在自己的內在發展出所看到的天賦。我們的欣賞是享受這些禮物的開始。

THINK · FEEL · DO

今天，將欣賞當作禮物送給自己和周遭的所有人。欣賞創造出流動，讓你向前移動，讓你感覺到身邊的禮物和人們的祝福，因為他們所擁有的，你也能享受。享受的同時，你會感覺到禮物在你體內「升起」。

比較和嫉妒

欣賞讓我擺脫

當我覺得不被理解

是因為我也不理解別人

349 簡

　　許多人從孩提時代就開始感覺到自己不被理解。許多人覺得在目前的關係中，自己不被理解。如果我們更深入地檢視自己的童年，或是目前的關係，就會發現之所以會有這種感覺，是因為我們不瞭解父母當年的經歷，或是我們目前伴侶的情況。人們之所以會有某些行為是因為他們內心的感受。有時候，他們如此深陷在自己的痛苦之中，因而沒有力氣、能量或時間來關注我們，看看我們需要什麼。如果我們瞭解情況，就能療癒自己的需求。理解能夠釋放情境中的恐懼，同時釋放我們。

THINK · FEEL · DO

　　今天，檢視你在生命中哪些地方感到被誤解。問自己：「我不瞭解他們的什麼？」只要你更瞭解現在或過去的狀況，就會發現自己得到了理解。

When the receiver is ready, the gift appears.

350

這是另外一個秘密,提醒我們是自己世界的主人,不會因為沒有得到想要的東西而卡住。當我們準備好領受時,禮物自然會出現。準備好自己去領受生命中想要的禮物,絕對代表要先穿越恐懼,同時也代表擁有自我價值感。我們會敞開自己收進所有我們想要的事物,只要明白這些是我們應得的,並且請求恩典讓我們超越恐懼。

THINK·FEEL·DO

今天,準備好領受。讓直覺準備好你的內在,讓你準備好領受你所祈求的禮物。是什麼阻礙你的領受?你可以讓自己做出什麼選擇或行為,來協助自己敞開,以接受迎面而來的禮物呢?將禮物好好收進來吧!

當接收者準備好時

禮物自會出現

Complaining is inferiority in the form of arrogance.

351 日

抱怨來自自卑感，我們覺得自己在情況中不太有力量。抱怨以傲慢的形式展現出來，我們感覺自己「高於」情況，好像這不應該發生在自己身上。我們的抱怨是對眼前情況的口頭或心理攻擊。在傲慢的心態下，我們期望事態能夠轉變，要他人改變以滿足我們的需求，但應該改變的其實是我們。我們可以輕易改變並讓自己更有自信的方法之一是，給自己一些認可、看重和尊重。只要我們內在如此轉變，外在情況也會開始反映出改變。

THINK · FEEL · DO

今天，仔細檢視自己。你在抱怨些什麼？你在對自己抱怨些什麼？這些都只是你強化自卑感的方式而已。向前踏一步，或選擇更看重自己，因為這麼做的同時，你感覺卡住的情況就會迎刃而解。

抱怨是以傲慢展現的自卑

Unless I become like a little child, I cannot enter the kingdom of heaven.

352 高

　　只有變得像個小孩，我們才能進入天國。重點不是要變得孩子氣，而是要像個孩子。這並非是不成熟，事實上，那是我們和宇宙及神性連結的唯一實相。孩子過著簡單的生活，所以心靈能夠專注。孩子會敞開接受眼前的一切。孩子對生命充滿好奇，能感受和發現一切喜悅。孩子很天真，感覺自己有價值。孩子望著父母，明白父母會給自己一切的美好。

　　同樣，我們也能用天真的眼光望著上帝。我們可以帶著期盼，望著宇宙和周遭的世界，明白所有的美好事物都將到來。敞開自己，放下我們必須事事一肩扛起、親力親為的想法，我們無須承擔讓一切變好的責任，讓上帝接管這些事，或讓上帝透過我們來做。然後我們就能對周遭的情況抱以自然的喜悅和幽默。

THINK · FEEL · DO

　　今天，放下你所有的思慮和擔心，你所有的義務感和你覺得自己非做不可的事情。想像你過著非常簡單的生活。這是愛的生命、享受的生活，這是孩子的生命、大師的生活。問問自己：「今天會遇見什麼？今天會發生什麼事？我會領受到什麼禮物？」「現在是夏日時光，生活真簡單。鳶飛魚躍，萬物豐饒。你的爸爸很富，媽媽很美，所以呀，噓，小寶貝別哭了。」

除非我變得像個小孩

否則我無法進入天堂

愛讓我不再自擋去路

353 高

　　我們的小我對分裂堅信不疑。小我是我們的恐懼、罪疚和不安全感。我們越是恐懼、充滿罪疚和不安，就越會阻礙自己的成功，就某種程度而言，這正是小我在打的如意算盤。它希望我們遭到延誤，因為它希望我們覺得自己需要它。小我只是我們心靈很小的一部分，卻要虛張聲勢，好像自己不可或缺。它總是在誇大吹噓自己和貶低壓制我們之間遊走。

　　愛讓我們不再自擋去路。它讓我們超越這份恐懼，以及這些僵硬固化的反應。愛讓我們能夠自由領受。愛帶領我們超越擔憂和顧慮，創造出能帶來連接和喜悅的回應力。

THINK · FEEL · DO

　　今天，走出去愛。別再自擋去路。愛每一個你所遇見的人，讓愛找到你，那是神想要透過別人傳給你的愛。

Sacrifice is based on a vicious circle of superiority and inferiority.

354 音

當我們陷在犧牲之中，當我們以不真的幫助者角色照顧他人時，我們會覺得自己優於他們。我們感覺自己好像比較厲害一點，因此當然是由我們照顧他們。事實上，我們會覺得比別人優越是因為我們感到自卑，我們不想毫無防備地與他們相會。我們感覺自己需要一個角色提升我們在情境中的地位，這就是犧牲的起源。

我們當時正經歷失落，但我們沒有好好經歷它，反而去逃避。我們覺得自己承受不起，因此跳入一個幫助周遭人的角色，藉以逃避我們的失落，但矛盾的是，我們反而因此陷入失落。我們尚未完成哀悼，也還沒擺脫失落。為了防衛，為了讓自己不用去碰這份過去的和現在的失落，我們將自己扔入某個情境之中，在那裡我們覺得自己比其他人優越，但其實只是為了掩蓋自己的自卑感。這份自卑感、這份過往的苦痛，製造出了阻礙我們領受、讓我們筋疲力盡的情境。

THINK · FEEL · DO

今天，檢視你在哪些地方感覺自己略微優於眾人，在哪些地方你紆尊降貴地去幫助別人，還有哪些地方你覺得自己較為低下，需要別人說明或照顧你。這些就是你落入的犧牲或失敗情境，在這兩種狀況下，你都不覺得自己配當他們的另一半。你只是照你想像中他們要你做的事去做。允許自己回到原本尚未完成哀悼的情境中，請求老天的協助。對情境中的每個人付出，讓愛和恩典湧入你，並充滿當時的每個人。這樣可以「釋放」目前的犧牲情境，讓你向前移動，進入生命中更大的平等夥伴關係。

優越感和自卑感的惡性循環

使我們陷入犧牲的情境

Deadness in my relationship and in sex can be healed by having balanced relatedness to my family.

355 蜀

　　我們現在關係中的死寂，源自我們與原生家庭中某人的黏連。黏連是界線模糊的地方，也是過去競爭的所在，或是當初缺乏親近和愛的地方，我們在那個地方與家庭成員失去了連結。有時候，我們的黏連對象不只一個人，我們可能和雙親中同性的一方黏連，甚至和兄弟姊妹黏連。但大多數時候，我們會和父母中與我們性別相異的一方黏連。

　　當處於黏連狀態時，我們遲早會筋疲力盡，因為我們感覺自己好像犧牲得太多了。其他時候，我們可能會產生嫌惡，甚至強烈排斥，因為我們感覺自己與他們太親近，以致於失去了自己生命的界線。如果這份來自童年的黏連沒有被療癒，我們會與另一半產生黏連，最後在關係的某個領域就會出現死寂。黏連是假造的連結和親近。黏連是假造的親密感，它不是更高層次的意識，而是回避。它造成我們在關係中重複童年的模式，然後走向筋疲力盡或被嫌惡排斥的下場。我們感覺到自己對伴

若能與原生家庭平衡連結

關係和性愛的死寂就會得到療癒

侶有種憤怒或無助的暴怒，是因為我們覺得自己的筋疲力盡都是對方害的，或因為我們不瞭解自己和他們生命中的自然界線。

帶有意願地寬恕與你黏連的父親或母親，對他們付出，這樣就能建立我們的自然界線，讓我們活出自己的人生，而不是我們以為他們想要我們過的人生、處處犧牲的人生。帶有意願地對與我們黏連的父母或手足付出，這樣就能自然找到平衡，替我們現在的關係帶來生命和活力。

THINK · FEEL · DO

今天，深入檢視你的生命。請求老天的協助，讓你能夠寬恕，並在你與父母和手足的早年相處情景中創造平衡，好讓新生命進入你現在的關係中。閉上眼睛，想像你的原生家庭，請求你的高層心靈在你內在的中心建立起自然的平衡，終結所有競爭和黏連。

Fun is one of the true forms of responsiveness.

好玩是回應力的
一種真實形式

356 高

　　好玩來自於意識的較高層次。那是一種受到啟發的狀態，我們會將幽默和順流帶進情境之中。要將好玩帶進任何情境之中，代表需要產生更多期盼的能量。好玩和幸運的動力相同，因此當我們玩得開心時，自然會創造更多好運。好玩和幽默總是並肩同在。好玩、欣賞、啟發、自發、淘氣和調皮都是領袖力的不同形態。好玩是對情況的真實回應，矛盾的是，越是好玩產量反而越高。

THINK · FEEL · DO

　　今天，記得要有樂趣，無論事情多麼困難。當事情變得困難或嚴重時，我們就會被卡住，因為角色與義務帶來了沉重。作為一位領袖，將好玩和幽默帶到情境之中。你的淘氣、不可抗拒的魅力和好玩是給伴侶的絕佳禮物，在工作環境中亦然。持續在好玩中舞動，因為畢竟你不會把這個現實生活當真，對吧？

If I think someone is using me, I am using them to hold myself back.

357

覺得某人在利用自己時，其實是我們在利用他們羈絆自己前進的步伐。當我們感覺不到自己是對方的自然或平等的伴侶時，就會自暴自棄、任憑利用，然後又感到受傷或落入犧牲。真相是，我們在利用這個人。如果我們徹底檢視這個情境在我們潛意識中的動力，就會看到自己在利用這件事，因為我們害怕向前移動、害怕面對親密和自己。帶有意願地向前移動，將徹底轉化情境。

THINK · FEEL · DO

今天，當你認為某人在利用你時，請瞭解你其實是在利用他們牽絆自己的前進。別利用任何人或任何事來羈絆自己。帶有意願地向前移動，對生命中的下一步說「我願意」。

其實是我在利用他們來羈絆自己

如果我覺得某人在利用我

All problems are a result of feeling separate.

所有的問題
都是感覺分裂的結果

358 音

　　根據《奇蹟課程》，世間只有一個問題，它造成了所有的其他問題，這個問題就是分裂的感覺。我們經驗到的所有問題背後，都有一種缺乏連結的感受。出於缺乏連結的原因，恐懼的感覺會從我們心中升起，而出於各種不同原因，我們會創造出小小的攻擊性思想或怨懟，結果又造成分裂的幻相。事實上，我們和世間的萬物和眾人都是彼此相連的。

THINK · FEEL · DO

　　今天，檢視你面對的問題。哪些是你感到斷裂的地方？你感覺與誰發生了斷裂？閉上眼睛，想像你和這些人彼此連結，因為真相是你們的確相互連結。允許自己感覺這份自然的連結，因為這可以立即解決所有問題。

What I take is what I lose.

359 章

索取內含一種有趣又矛盾的動力，因為我們索取得越多，就覺得越空虛；我們越是想要索取，就越充滿不安全感。我們索取得越多，就越不滿足。索取產生的動力讓我們無法領受，也會強化我們的恐懼，因此我們越索取，越是輸。我們喪失了自我形象，也喪失了獲得最終滿足感的機會。

基本上，索取和放縱具備相同的動力，放縱也不會讓我們感覺滿足，反而感覺罪疚。它不會使我們重新充電或煥然一新，也不會讓我們與人接觸。我們會索取是因為我們覺得自己不值得領受。

當我們變得獨立時，我們試著隱藏自己的索取，假裝我們什麼都不需要。在獨立的狀態下，我們內在活得像個苦行僧，假裝我們無欲無求，但其實在暗地裡索取。我們索取的，就是我們喪失的；相反，我們付出的，就是我們領受的。選擇權永遠在我們身上。

THINK · FEEL · DO

今天，明白自己值得領受。檢視你索取的地方，因為由索取而生又不著痕跡的罪疚感，不會允許你享受，反而會讓你感覺更渺小。但你發現自己在索取的時候，盡可能地付出。

我索取的　就是我喪失的

Doubt is a trap I use to stop myself.

懷疑是我用來阻礙自己的陷阱

360 籤

懷疑是人格的最大陷阱，用來阻止我們向前移動和邁出下一步。正當我們準備好進入更高層次的順流或意識中時，懷疑便從中作梗。於是我們容易被懷疑困住，而忘了透過探究懷疑本身以找到真相。

許多人在關係中會陷入懷疑。我們懷疑自己的伴侶是否是真愛，因而陷入「乾旱」之中。覺知到懷疑是個陷阱，我們就不會畏懼邁出下一步。當陷入懷疑時，通過問自己：「誰需要我的承諾？」我們可以輕易地到達新的層次。當我們回應對方時，我們的懷疑便無所憑恃，因為懷疑會阻礙回應力，讓我們止步和收縮，讓我們更加渺小。如果我們不能伸出手幫助某人，進而穿越當下所有的懷疑，至少我們要能穿越一層懷疑。當我們向某人靠近時，自然會啟動一股順流。

THINK · FEEL · DO

今天，放下懷疑，重新進入順流之中。如果你懷疑你的伴侶，現在是選擇放下懷疑的最佳時機。透過選擇，使得關係能夠開展。這是最需要你的承諾和信心的時候，只有這樣才能讓關係進入更高層次。要明白關於伴侶的真相，你必須從這種更進步的觀點來看。這自然會讓你研究你所懷疑的領域，那些阻礙你的領域。開始探索，找出真相。

When my heart is breaking, giving creates new birth.

361

當我心碎的時候

付出能創造新生

心碎會使我們收縮，然後緊閉心房。在瀕臨心碎的時候，我們可以讓心碎的感受穿過我們，當我們選擇付出，我們的心和意識就會開始擴展。

當我們透過心碎給出時，所有絕望的附屬感覺、徒勞無功、寂寞、空虛和嫉妒都會開始被療癒，單單透過給出自己就可以。透過心碎給出自己，會創造出高層次的意識和豐沛的愛。帶有意願地持續給出能夠轉化我們。不用經歷心碎的痛苦，我們就能重新進入順流。當心碎的時候，盡可能地給出能挽救我們的生命、轉換痛苦，並且從過去贏回我們破碎的心，從而節省我們大量的時間。

THINK · FEEL · DO

今天，在所有傷害的情境中，只要透過服務或給予，就會發現自己可以輕易重獲新生。

Happiness takes no prisoners.

362 青

　　當我們感覺快樂時，自然會感到信任。根本不需要用控制或情緒把別人綁在身邊。當我們感覺快樂時，就能感覺愛和創造力。當我們感覺充滿創造力，就不需要控制或囚禁他人。若要看管囚犯，我們可能會喪失許多時間，因為我們要擔任獄卒。我們受困的程度並不亞於囚犯。快樂不囚禁任何人。

THINK · FEEL · DO

　　今天，在所有你發現自己囚禁他人的地方，允許自己選擇快樂。讓自己產生快樂，這麼做的同時，你就能移動到全新的意識層次，在那裡你不會用看管囚犯來牽絆住自己。

快樂不囚禁任何人

Love is giving everything, while holding on to nothing.

363天

愛並不要求安全感，愛只要求可以繼續愛。沒有事物能阻擋我們的愛。無論是對方拒絕我們，還是從我們身邊逃開，他們都無法阻止我們愛他。愛不需要保證，愛不需要保險，愛只想要去愛，付出一切。這樣，愛之中就有了新生，有了一把淨化之火，這樣的愛中有著存有的偉大，蘊含生命的所有願景和使命。我們給出的愛會敞開我們去迎向新一層次的感受，以及新一層次的喜悦。

THINK · FEEL · DO

今天，透過放下給出。帶有意願地放下所有你尋求保險的領域，或是過往努力執著的地方。想像你全然給出自己，給出百分之一百的自己，因為這麼一來，你就不需要控制了。

愛是付出一切
又無所執著

364 _畜

　　當我們失敗的時候，其實是在報復身邊重要的人，特別是我們的另一半。生命中的每次失敗也是在報復我們的父母。帶有意願地檢視我們生命中自覺失敗之處，特別是那些現在不成功的地方，我們就能開始放下這一切，為自己打開成功的大門。

　　在某種程度上，報復和受傷是一體兩面。當我們報復的時候，其實還是感到受傷。所有傷痛都使我們收縮，每當我們感到受傷時，就會讓心變得更小。每當我們感到受傷時，就會進入收縮狀態，因為我們為發生的事情而感到受辱，感到自己被貶低了。當我們感到受傷或抗拒時，就是在利用情境讓自己變得比實際更渺小。

　　在我們忘記或壓抑舊傷很久之後，報復和失敗還是有可能持續作祟。因此當我們覺察到時，將自己從收縮狀態中拉出來便十分重要。任何一

每次失敗背後都藏了報復

種回應力都是有用的，任何一種寬恕或給出都能奏效。其他很多事物亦能創造順流，像是欣賞、理解、信任、整合、放下和承諾。它們將我們拖出受困和收縮狀態，在這裡，我們的心冰冷凍結，我們將自己鎖進某種行為模式中（一種防衛機制），直到我們能夠面對痛苦。

THINK · FEEL · DO

今天，問自己：「我是在報復誰？我為了什麼而報復？」等你列出一小張清單後，問自己：「我是否願意維持生命，只為了報復那些人？」當你帶有意願地向前移動時，你的「好玩」可以帶你穿越任何一種收縮。玩耍創造出順流。帶有意願地分享一切需要被分享的，但分享的過程也要好玩。看看你今天能夠怎樣放開去玩，看看你能夠多麼深入地投入順流之中。好玩與創造力是孿生姐妹，所以好好對待它。只要你願意這麼做。它就會釋放過去的傷害和報復。

Everybody wants to get to heaven, but nobody wants to die.

大家都想上天堂

但卻沒人想死

365 宮

　　「大家都想上天堂，但卻沒人想死」，這是數年前一首歌的名字。重點是，無論天堂是什麼樣子，都和我們現在經驗到的不同。因此，要上天堂，我們必須先讓現在的自我死去，我們必須改變，必須寬恕和放下，才能達到新層次的意識、喜悅和愛。

THINK · FEEL · DO

　　今天，現在就動起來，準備迎向天堂。你還在等什麼？讓你可以寬恕的人出現在腦海中，然後寬恕，向天堂邁出一大步。當這個人浮現在腦海中時，看看你尚未寬恕他們哪一點。問自己：「我要利用這個來阻止我，或用這件事來和自己過不去嗎？」如果你不想用它來和自己過不去，你就自由了。請求老天的幫助來完成寬恕，好讓那件事能得到解決。帶有意願地對情境給出，你就能向前移動。

God says to me through others, "if you can love me in this form, you can go all the way to heaven."

366

上帝通過他人向我開示

若能以此方式愛我　則條條大路通往天堂

關係的美好在於，如果我們能寬恕某個人身上的某一點，我們就能寬恕所有人身上的那一點。每次我們寬恕一個人，就等於寬恕了所有的人。有時候我們覺得和伴侶以外的人的親近感，甚至超過我們的伴侶，這是因為最靠近我們的人會挑出更多我們內在隱藏著的衝突。如果同樣是這個人，但是和我們關係疏遠，我們不會和他們起衝突。衝突說明我們看到自己內在需要療癒的地方。如果我們能一路做到徹底寬恕、徹底愛一個人，我們就能找到天堂。

THINK · FEEL · DO

今天，花些時間閉上眼睛，看到伴侶就站在你眼前。你看著伴侶的時候，看進他們的內心，然後看到上帝在大笑或微笑，透過你的伴侶將愛送給你。看著你的伴侶，看到全然的愛朝你湧來，上帝想要把全宇宙的禮物都送給你。你只要領受這份饋贈，感覺自己被愛就好。你被愛的程度遠超乎你的想像。

閱讀之後

After Reading

擁抱自己

擁抱愛人

擁抱世界

後記

我要感謝許多我工作坊的個案和學員，他們教導我好多事情，並且不斷讓我瞭解自己所知多麼有限。

我要感謝山姆・赫索（Sam Hazo），他是一位詩人和心靈導師，第 35 課的標題來自於他，同時也感謝他用他的存在不斷造福我和這個世界。

我要感謝蘿西・露意絲（Roxi Lewis），感謝她辛勤的打字和對本書的奉獻。

我要感謝貝蒂・蘇花（Betty Sue Flower）博士的慷慨、願景、友誼和編輯能力，這些都是催生出這本書所不可或缺的助力。若沒有她的大力相助，本書可能仍在難產中。

我要感謝瑪西亞・蔻思比（Marcia Crosby）協助最後的編修和修訂版的簡明準備工作，將本書的前身打造為如今的出版品。

我也要感謝珍・蔻柯蘭（Jane Corcoran）和蘇珊・豪葳（Susan How）的電腦技能，將上一版本演繹為現在的版本。

　　我要感謝唐娜・法蘭西斯（Donna Francis）和邦妮・可露絲（Bonnie Close）傑出的編輯貢獻，造就了本書的第二版本。

　　我要感謝我的太太蘭西（Lency），她用愛啟發了我，並讓我學到了愛的真諦。如今，成就一本書實在是一項團隊工作。我要再次感謝我的太太和小孩克里斯多福（Christopher）及潔美（J'amie），感謝他們捐獻給本書的時間。還有感謝我的朋友及讀者，用他們的關注和建議讓本書更上一層樓。

　　最後，我要感謝《奇蹟課程》為我的生命所帶來的深遠影響，它具有療癒的力量，帶給我、我的個案和本書無限的啟發。我在《奇蹟課程》中首度接觸到本書中的許多原則，其中也有很多原則符合我過去的所學，並得到實際驗證。

會痛的不是愛

真愛啟程　療癒自我與關係的 366 天

原文書名：IF IT HURTS, IT ISN'T LOVE
　　　　　And 365 Other Principles To Heal And Transform Your Relationships

作　　　者：〔美〕恰克·史匹桑諾博士（Chuck Spezzano, Ph. D.）

畫　　　作：〔美〕愛麗森·傑伊（Alison Jay）

譯　　　者：孫翼葰（Udaya Sun）　陳芳誼

總 策 劃：蓋婭生活國際股份有限公司

總 校 閱：孫翼葰（Udaya Sun）

總 編 輯：吳　放

執行編輯：王暉之　陳耀姬

視覺設計：宋明錕　陳麗光　陳俐弐

印刷製作：威創彩藝

出版發行：長歌藝術傳播有限公司

發 行 人：吳靜忱

發行地址：100 台北市中正區仁愛路 2 段 15 巷 16 號

電　　話：+886-2-33223338

網　　站：長歌藝術傳播 www.veryartist.com.tw

郵政劃撥：50270987

帳　　戶：長歌藝術傳播有限公司

初版日期：2018 年 6 月

ＩＳＢＮ：978-986-95722-2-4（平裝）

定　　價：NT$ 590 元

國家圖書館出版品預行編目（CIP）資料

會痛的不是愛：真愛啟程 療癒自我與關係的 366 天 / 恰克．史匹桑諾 (Chuck Spezzano) 著；孫翼葰，陳芳誼譯 . -- 初版 . -- 臺北市：長歌藝術傳播，2018.06
442 面；19.5×19.5 公分
譯自：If it hurts, it isn't love : and 365 other principles to heal and transform your relationships
ISBN 978-986-95722-2-4（平裝）

1. 心理治療 2. 人際關係 3. 愛

178.8　　107008843